Daniel Seidl

Konzeption und Implementierung eines Ansatzes zur Bestätigung von Meldungen im Social Reporting anhand raum-zeitlicher Regeln

Bachelor + Master Publishing

Seidl, Daniel: Konzeption und Implementierung eines Ansatzes zur Bestätigung von Meldungen im Social Reporting anhand raum-zeitlicher Regeln, Hamburg, Bachelor + Master Publishing 2013

Originaltitel der Abschlussarbeit: Konzeption und Implementierung eines Ansatzes zur Bestätigung von Meldungen im Social Reporting anhand raum-zeitlicher Regeln

Buch-ISBN: 978-3-95549-432-2
PDF-eBook-ISBN: 978-3-95549-932-7
Druck/Herstellung: Bachelor + Master Publishing, Hamburg, 2013
Covermotiv: © Kobes · Fotolia.com
Zugl. Otto-Friedrich-Universität Bamberg, Bamberg, Deutschland, Bachelorarbeit, 2011

Bibliografische Information der Deutschen Nationalbibliothek:
Die Deutsche Nationalbibliothek verzeichnet diese Publikation in der Deutschen Nationalbibliografie; detaillierte bibliografische Daten sind im Internet über http://dnb.d-nb.de abrufbar.

© Bachelor + Master Publishing, Imprint der Diplomica Verlag GmbH
Hermannstal 119k, 22119 Hamburg
http://www.diplomica-verlag.de, Hamburg 2013
Printed in Germany

Inhaltsverzeichnis

Abbildungsverzeichnis

1 Social Reporting

Social Reporting basiert auf der Idee, dass Mitglieder eines ortsbezogenen sozialen Netzwerks in der realen Welt für Mitglieder des Netzwerks relevante Ereignisse beobachten und Berichte über diese Beobachtungen anderen Nutzern zur Verfügung stellen (vgl. Schlieder et al., 2010). Ein grundlegendes Problem des Social Reporting ist die Auswertung der Berichte und hierbei vor allem die Bewertung der Zuverlässigkeit eines Berichts. Es stellt sich die zentrale Frage: Wie sehr kann einem Bericht auf Basis anderer verwandter Berichte vertraut werden und wie lässt sich dieses "Vertrauen" ohne menschliches Eingreifen bestimmen?

Viele Anwendungsszenarien des Social Reporting bilden einen recht kleinen und klar umrissenen Teil der Wirklichkeit ab. Als Beispiele lassen sich hier die Beobachtung von Wildvögeln oder Meldung aktueller Verkehrsereignisse nennen. Die Nutzer bilden also eine recht homogene Gruppe, die sich auf Basis des entsprechenden Anwendungsfalles nur für bestimmte Informationen interessieren. Ebenso ist auch die Auswertung der verschiedenen Berichte und deren Zuverlässigkeit an einen engen Rahmen gebunden, der eine automatische Verarbeitung mit recht einfachen Mitteln erlaubt. Allerdings ist zu beachten, dass die Bewertungskriterien für die Bestätigung von Berichten durch andere Berichte sehr unterschiedlich ausfallen können und absolut vom betreffenden Anwendungsfall abhängig sind.

Die Folge des Bewertungsprozesses ist ein Bestätigungsgraph – auch *confirmation graph* genannt. Dieser bildet das durchaus komplexe Geflecht von bestätigenden und widersprechenden Berichten ab und erlaubt eine Aussage über die Zuverlässigkeit einzelner Berichte.

Da in der bisherigen Nutzung des Social Reporting aufbauend auf einen beliebigen Anwendungsfall stets nur komplexe spezifische Regel- und Auswertungssysteme zum Einsatz kamen, wird in der vorliegenden Arbeit ein generischer Ansatz vorgestellt. Mit diesem ist es möglich auch komplexe und völlig unterschiedliche Anwendungsfälle mit einem Regelsystem abzubilden und einen davon ausgehenden Bestätigungsgraphen zu generieren.

Um die Komplexität des vorliegenden Ansatzes gering zu halten beschränkt sich der Ansatz zunächst nur auf nicht-metrische, temporale und attributive Relationen zwischen Berichten. Eine Erweiterung um soziale Aspekte ist jedoch eine denkbare Möglichkeit um den Funktionsumfang des folgenden generischen Ansatzes auszuweiten.

1.1 Aktuelle Entwicklungen und Anwendungen

Social Reporting ist ein noch recht junger Forschung- und Anwendungsbereich, der bisher bis auf wenige Ausnahmen keine große Rolle gespielt hat oder spielt. Allerdings zeigt die aktuelle Entwicklung, dass Social Reporting auf dem Weg ist eines der kommenden großen Themen im Bereich der sozialen Netzwerke zu werden.

Ein sehr bekanntes Beispiel ist das Ushahidi[1] Projekt: *"Ushahidi [...] describes itself as a tool for people who witness acts of violence in Kenya to report incidents that they have seen. The incidents are then placed on a map-based view for others to see. Most incidents listed on the website are verified by local groups working on the ground."* (Okolloh, S. 66)

Zu Beginn des Projekts konnten Berichte über aktuelle Gewalttaten per SMS oder direkt über die Webseite eingeschickt werden. Hierbei mussten jedoch alle Berichte manuell überprüft und freigeschaltet werden, was vor allem durch stetiges Wachstum immer mehr Arbeit bedeutete. Eine Überprüfung der Verlässlichkeit eines Berichts war ebenso ein Problem, da man immer auf der Suche nach einer sicheren Quelle war, wie zum Beispiel nach einem Report vor Ort, den man telefonisch erreichen konnte und um Bestätigung bitten konnte.

"This is the risk with any crowdsourcing social media tool. 'Truth' is not guaranteed – but the idea behind crowdsourcing is that with enough volume, a 'truth' emerges that diminishes any false reports. To avoid the risk of the website being used for propaganda, reports were monitored before they went 'live'. Anything that appeared to be patently false, inflammatory or inaccurate was not posted." (Okolloh, S. 67)

Auch bei diesem Projekt zeigte sich schnell, dass man nur sehr schwer bestimmen kann, wie sehr man einem Bericht vertrauen darf. Sei es nun die Beobachtung von Wildvögeln oder auch die Beobachtung und Meldung von Gewalttaten. Die Frage die sich hier immer stellt: Wie soll man mit Berichten umgehen, deren Zuverlässigkeit umstritten ist?

Sicherlich kann man durch manuelles Eingriff besonders falsche Berichte sofort aussortieren, aber je größer und komplexer ein Anwendungsfall wird, desto schwieriger wird es auch für einen Menschen eine richtige Entscheidung in dieser Hinsicht zu treffen. Daher ist auch hier eine automatische Auswertung sinnvoll. So gesehen könnte auch das Ushahidi Projekt von einem generischen Ansatz zur Bestätigung von Meldungen profitieren.

Inzwischen wird die Software, die hinter dem ursprünglichen Ushahidi Projekt zum Ein-

---

1 Siehe: http://www.ushahidi.com/

satz kommt auch für anderen ähnliche Anwendungsfälle eingesetzt: So wurde zum Beispiel unter dem Titel "Nürnberg steigt (bald) auf"[2] eine Plattform zur Verbesserung des Fahrradwegenetzes in Nürnberg gestartet. Nutzer können hier direkt auf einer Karte der Stadt Orte für Verbesserungen der Fahrradwege eintragen.

Alle Anwendungsfälle haben jedoch meist das Problem die eintreffenden Berichte automatisch auswerten zu können. Welche Berichte bestätigen einen anderen Bericht? Welcher Bericht widerspricht einem anderen Bericht? Wie sehr kann man einem bestimmten Bericht auf Basis der anderen Berichte vertrauen? Ein generischer Ansatz, der es einem Nutzer erlaubt mit einfachen Mitteln ein automatisches Bestätigungssystem für den eigenen spezifischen Anwendungsfall zu erhalten, ist also ein weiterer wichtiger Schritt für das Social Reporting.

2 Grundlagen

Nachdem die grundlegende Einordnung des vorliegenden generischen Ansatzes im Bezug auf aktuelle Anwendungen und Entwicklungen bestimmt wurde, müssen zunächst noch einige Grundlagen für diesen Ansatz festgelegt werden. Auf den folgenden Seiten werden zunächst einige allgemeine Festlegungen und Einschränkungen beschrieben. Im Anschluss folgen dann Definition und Struktur eines Bestätigungsgraphen.

2.1 Definitionen, Festlegungen und Einschränkungen

Für die Entwicklung des generischen Ansatzes war es nötig eine Reihe von Festlegungen und Einschränkungen vorzunehmen und bestimmte Aspekte genauer zu definieren:

- Der generische Ansatz muss eine Vielzahl unterschiedlicher Anwendungsfälle abbilden können: Dies beinhaltet während der Entwicklung als Ausgangsbasis genutzte Fälle (siehe Kapitel 3.1), aber auch jede Art weiterer Anwendungsfälle.

- Der Ansatz darf nur inhaltsgleiche Berichte bei der Anwendung der Bestätigungsregeln nutzen. Es muss daher eine klare Regelung getroffen werden, wie inhaltsgleiche Berichte innerhalb eines Anwendungsfalls zu bestimmen sind (siehe Kapitel 3.2.2).

- Es wird davon ausgegangen, dass Berichte sich grundsätzlich nur bestätigen (Wert gleich +1) oder widersprechen (Wert gleich -1) können. Dazwischen liegende Werte

---

2   Siehe: http://nuernbergsteigtauf.crowdmap.com/

werden zur Minimierung der Komplexität nicht in Betracht gezogen. Zu Beachten ist jedoch: Da verschiedene Bestätigungsregeln unter Umständen zu mehreren bestätigenden oder widersprechenden Kanten zwischen zwei Berichten führen können, muss die Menge aller Kanten sinnvoll zu einer einzigen bestätigenden oder widersprechenden Kante akkumuliert werden.

- Der Ansatz soll nicht-metrische, temporale und attributive Relationen innerhalb der Bestätigungsregeln erlauben. Hierbei ist darauf zu achten, dass alle erdenklichen Möglichkeiten abgebildet werden können (siehe Kapitel 3.2.3 bis 3.2.5).

- Es soll eine einfache Sprache für die Beschreibung eines Regelwerks erstellt werden, die es dem Nutzer erlaubt auch komplexe Systeme abzubilden. Das erstellte Regelwerk soll mit Hilfe eines Compilers in ein für den Server nutzbares Format gebracht werden. Hierfür bietet sich SQL-Code an, der dann direkt vom Server für Anfragen bei der im Hintergrund liegenden Datenbank genutzt werden kann (siehe Kapitel 3.3).

- Grundlegende Trennung zwischen Server und Client: Der Server auf Java-Basis nimmt eintreffende Berichte an, validiert deren Integrität und speichert die Berichte bei Erfolg und erstellt bzw. aktualisiert den Bestätigungsgraphen. Der rudimentäre Client auf Android-Basis dient nur zum Erstellen von Berichten und zum Versenden dieser an den Server. Weitere Funktionalitäten werden zur Minimierung der Komplexität vermieden.

- Die Serverarchitektur soll einen Austausch des Datenbanksystems ohne große Neuprogrammierung ermöglichen, auch wenn die Implementierung zunächst nur ein Datenbanksystem unterstützen wird (siehe Kapitel 4.2).

- Validierungswerte einzelner Berichte werden auf Basis der eintreffenden Kanten von anderen Berichten berechnet. Hierzu soll die Serverarchitektur verschiedene Algorithmen theoretisch unterstützen, wobei in der Implementierung und bei der Evaluierung nur ein einziger Algorithmus zum Einsatz kommen wird.

2.2 Definition und Struktur eines Bestätigungsgraphen

Der Bestätigungsgraph aller Berichte eines bestimmten Anwendungsfall im Sinne des vorliegenden generischen Ansatzes ist ein Graph mit gerichteten und gewichteten Kanten, wobei die einzelnen Berichte die Knoten des Graphen darstellen. Hierbei sind in Anlehnung an die in Kapitel 2.1 getroffenen Einschränkungen nur die Werte +1 und -1 als Kantenwerte und zugleich als Bestätigungswerte – oder auch *confirmation value* – möglich. Hierbei lehnt sich der Ansatz an den Ansatz von Schlieder und Yanenko (vgl. Schlieder et al.,

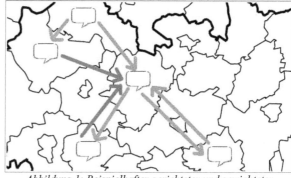

Abbildung 1: Beispielhafter gerichteter und gewichteter Bestätigungsgraph.

2010, S. 5) an. Ein Bestätigungswert $c(r_1, r_2) = -1$ sagt aus, dass der Bericht r_1 dem Bericht r_2 widerspricht. Ein Bestätigungswert $c(r_1, r_2) = +1$ sagt aus, dass der Bericht r_1 den Bericht r_2 bestätigt. Natürlich kann es hierbei vorkommen, dass zwei Berichte sich in der einen Richtung bestätigen und in der anderen Richtung widersprechen. Dies ist aber durchaus gewollt, da es zum Beispiel möglich ist, dass einem älterer Bericht von einem neuen Bericht widersprochen wird, der ältere Bericht jedoch zugleich den neuen Bericht an sich bestätigt. Sollte es durch die Regelstruktur dazu kommen, dass mehrere gerichtete Kanten von einem Report zu einem anderen Report zeigen, so müssen diese auf eine einzelne gerichtete Kante akkumuliert werden. Dies geschieht einfach dadurch, dass man die Werte aller gerichteten Kanten addiert und dann durch die Anzahl der Kanten teilt.

$$c_{acc} = \frac{\sum_{i=1}^{n} c_i}{n}$$

c_{acc} ist der akkumulierte Bestätigungswert. Hierdurch ist es natürlich möglich, dass sich auch andere Bestätigungswerte als +1 oder −1 ergeben. Dies ist jedoch durchaus so gewollt, um auch genauere Aussagen über den Bestätigungswert zwischen zwei Berichten darstellen zu können. Sollte der Fall $c_{acc} = 0$ eintreten, so werden alle gerichteten Kanten entfernt, da keine Aussage über Bestätigung oder Widerspruch getroffen werden kann.

Aufbauend auf den Bestätigungswerten kann dann ein spezifischer Validierungswert – oder auch *validation value* – für einen einzelnen Bericht berechnet werden. Hierfür soll jedoch wie in Kapitel 2.1 festgelegt ein beliebiger Algorithmus zum Einsatz kommen. Dieser Aspekt wird in der Implementierung (siehe Kapitel 4) nochmals angesprochen.

3 Generischer Ansatz zur Erstellung eines Bestätigungsgraphen

Das folgende dritte Kapitel beschreibt die Vorüberlegungen des generischen Ansatzes. Zunächst werden eine Reihe von ausgewählten Anwendungsfällen vorgestellt. Die Untersuchung dieser Fälle dient zur Beantwortung der Frage, welche Typen von raum-zeitlichen und attributiven Bestätigungsregeln von praktischem Interesse für den generischen Ansatz sind.

Im Anschluss folgt eine Erläuterung der Grundüberlegungen den Aufbau eines Berichts und eines Regelwerks betreffend. Daran anschließend eine Ausführung der Grammatik, die zum Erstellen von Regelwerken beliebiger Anwendungsfälle zum Einsatz kommt.

3.1 Ausgewählte Anwendungsfälle

Drei ausgewählte mögliche Anwendungsfälle sollen auf den folgenden Seiten vorgestellt werden. Dies sind die Beobachtung von Wildvögeln, Storm Chasing und die Meldung von Gewalttaten – angelehnt an das Ushahidi Projekt (siehe Kapitel 1.1).

3.1.1 Beobachtung von Wildvögeln

Die Beobachtung von Wildvögeln und die Dokumentation der Beobachtungen ist weltweit eine sehr beliebte Tätigkeit. Allein in Deutschland finden sich unzählige Webseiten, die sich mit dieser Thematik befassen und viele dieser Seiten versuchen auch die Sichtungen zu dokumentieren. naturgucker.de[3] ist zum Beispiel eine sehr große deutschsprachige Seite, die mit einer Datenbank aktueller Sichtungen aufwartet, wie in Abbildung 2 zu sehen ist:

vögel					>alle arten	>alle gebiete	>daten filtern
18.07.2011							
>Rohrweihe (Circus aeruginosus)	1			DE/Bay	>Ottelmannshausen N Feldflur bis In Kuhn		
>Mäusebussard (Buteo buteo)	1			DE/Bay	>Ottelmannshausen N Feldflur bis In Kuhn		
>Turmfalke (Falco tinnunculus)	2			DE/Bay	>Ottelmannshausen N Feldflur bis In Kuhn		
>Mauersegler (Apus apus)	32			DE/Bay	>Ottelmannshausen N Feldflur bis In Kuhn		
>Rauchschwalbe (Hirundo rustica)	40			DE/Bay	>Ottelmannshausen N Feldflur bis In Kuhn		
>Bachstelze (Motacilla alba)	4			DE/Bay	>Ottelmannshausen N Feldflur bis In Kuhn		
>Wiesenschafstelze (Motacilla flava subsp.	1			DE/Bay	>Ottelmannshausen N Feldflur bis In Kuhn		
>Braunkehlchen (Saxicola rubetra)	1			DE/Bay	>Ottelmannshausen N Feldflur bis In Kuhn		
>Neuntöter (Lanius collurio)	1			DE/Bay	>Ottelmannshausen N Feldflur bis In Kuhn		
>Star (Sturnus vulgaris)	10			DE/Bay	>Ottelmannshausen N Feldflur bis In Kuhn		
>Goldammer (Emberiza citrinella)	3			DE/Bay	>Ottelmannshausen N Feldflur bis In Kuhn		
>Turmfalke (Falco tinnunculus)	1			DE/Hes	>Eschbach-Auwiesen und Felder	Neumann	
>Grünling (Carduelis chloris)	1			DE/Hes	>Eschbach-Auwiesen und Felder	Neumann	

Abbildung 2: Einblick in die Datenbank von naturgucker.de zur Vogelbeobachtung

---

3   Siehe: http://www.naturgucker.de/

Die Erfassung eines Berichts bei naturgucker.de ist eine sehr gute Grundlage für die Erarbeitung eines generischen Ansatzes zur automatischen Bestätigung von Berichten. Neben der Angabe eines Ortes ist zudem die Angabe eines Datums und einer Uhrzeit und natürlich die gesichtete Vogelart anzugeben (siehe Abbildung 3). Desweiteren ist die Anzahl der gesichteten Vögel und zusätzlich eine Beobachtung den Vogel oder die Vögel betreffend – wie "schwimmend" oder "fischend" – zu machen. Desweiteren gibt es noch die Möglichkeit detaillierter auf Geschlecht oder dergleichen der einzelnen Vögel einzugehen.

Abbildung 3: Berichtserfassung bei naturgucker.de

Hierbei lässt sich bereits sagen, dass ein generischer Ansatz auf jeden Fall den Ort einer Beobachtung und die Zeit einer Beobachtung in Betracht ziehen muss. Die Zeit ist bei naturgucker.de ein Zeitpunkt und kein Zeitintervall. Hier bleibt die Frage offen, ob ein Zeitintervall oder Zeitpunkt geeigneter für einen Bericht im generischen Sinne ist. Desweiteren ist natürliche eine eindeutige Angabe der Beobachtung nötig. Im Falle der Beobachtung von Wildvögeln bietet sich hier eine Liste mit möglichen Vogelarten an. Zusätzlich scheinen weitere Attribute wie "Anzahl der Tiere" oder "Verhalten" für einen generischen Ansatz nötig zu sein. Diese müssen jedoch abhängig vom Anwendungsfall bestimmbar und festlegbar sein.

Bezug nehmend auf mögliche Bestätigungsregeln sind neben nicht-metrischen und temporalen Relationen auch attributive Relationen wichtig: So lässt sich beispielsweise das Attribut "Anzahl der Tiere" sehr gut dazu nutzen um an sich inhaltsgleiche Berichte miteinander zu vergleichen und deren Zuverlässigkeit zu bestimmen. Stehen zwei Berichte zur Überprüfung an, von denen der eine Bericht von zwei Elstern berichtet und der andere Bericht von fünfzig Elstern, so findet sich hier ein gravierender Unterschied, der erklärbar sein muss. Dieser Umstand lässt sich sicherlich sehr gut in Bestätigungsregeln nutzen um die Verlässlichkeit eines Berichts zu bestimmen. Für den generischen Ansatz bedeutet dies, dass Regeln sich auch direkt auf für den Anwendungsfall spezifische Attribute beziehen können müssen.

3.1.2 Storm Chasing

Vor allem in den Vereinigten Staaten ist Storm Chasing eine sehr beliebte und ebenso auch oft sehr gefährliche Beschäftigung. Nach Vasquez definiert sich Storm Chasing wie folgt:

"Storm chasing, in its simplest terms, is the art and science of meeting with a thunderstorm, for any reason. Tornadoes are widely regarded as the main target for storm chasing activity, but anything photogenic, unique in structure, or awe-inspiring fits the definition of a chase target." (Vasquez, 2008, S. 1)

Storm Chaser – wie sich die Anhänger des Storm Chasing nennen – sind also immer auf der Suche nach besonderen Wetterphänomenen, wobei vor allem Tornados im Fokus stehen. Hierbei muss man jedoch beachten, dass viele Wetterphänomene nur kurzfristiger Natur sind und deshalb auch eine sehr schnelle Verbreitung des Berichts darüber nötig ist, was der vorliegende generische Ansatz durch seine automatische Auswertung unterstützen kann.

Ebenso wie bei der Beobachtung von Wildvögeln sind auch hier drei Informationen von großer Bedeutung: Der Ort der Beobachtung, das Zeitintervall der Beobachtung und natürlich die Beschreibung der Beobachtung. Daneben sind auch hier weitere Attribute denkbar, wie beispielsweise Informationen über Windgeschwindigkeit oder Regenfall.

Mit Blick auf mögliche Bestätigungsregeln zeigt sich an diesem Anwendungsfall sehr schön, dass vor allem räumliche und temporale Relationen eine Rolle spielen: Stehen sich zwei Berichte gegenüber, die das gleiche Zeitintervall und die gleiche Region beschreiben, dabei allerdings der eine Bericht ein Unwetter meldet und der andere Bericht ein Aufklaren des Himmels, so stehen diese beiden Berichte zunächst im Widerspruch. Es muss also in den Bestätigungsregeln die Möglichkeit geben, nicht-metrische und temporale Relationen sinnvoll und in ihrer Gesamtheit abbilden zu können. Denkbar sind hierbei vor allem überschneidende Zeitintervalle. Aber auch direkt aneinander grenzende Zeitintervalle können sinnvoll sein.

Daneben haben Wettererscheinungen wie Unwetter die Eigenschaft, dass sie in recht kurzer Zeit große Strecken zurücklegen und dabei auch verschiedene Regionen nach und nach durchqueren. So ist es denkbar, dass ein späterer Bericht in einer Nachbarregion das gleiche Unwetter beschreibt, diese jedoch einfach nur weiter gezogen ist. Der neuere Bericht würde dann durch den älteren bestätigt werden, wobei dem älteren Bericht möglicherweise durch den neueren Bericht widersprochen wird.

Bei den nicht-metrischen Relationen muss eine Abfrage möglich sein, inwiefern die Regionen zweiter Berichte zueinander in Beziehung stehen: Überschneiden sich diese beiden Regionen? Grenzen die beiden Regionen direkt aneinander? Auch hier bietet es sich an nicht nur auf diesen Anwendungsfall bezogen sinnvolle Relationen zur Verfügung zu stellen, sondern über eine umfassende Möglichkeit aller denkbaren nicht-metrischen Relationen zu verfügen.

3.1.3 Meldung von Gewalttaten

Bereits in Kapitel 1.1 wurde auf das Ushahidi Projekt verwiesen, dass sich vor allem auf dem afrikanischen Kontinent um die Meldung und Sichtung von Gewalttaten kümmert: *"Ushahidi [...] describes itself as a tool for people who witness acts of violence in Kenya to report incidents that they have seen."* (Okolloh, S. 66)

Ebenfalls in genannten Kapitel wurde bereits darauf verwiesen, dass der hier vorliegende generische Ansatz auch eine Option zur Erweiterung des Ushahidi Projekts wäre. Betrachtet man das Projekt und dessen Ziel genauer, so erkennt man, dass auch hier die Prüfung der Verlässlichkeit einzelner Berichte in großes Problem ist. Ein geeignetes Regelwerk zur automatischen Überprüfung und der Auswertung der Berichte ließe sich sicherlich erarbeiten.

Auch hier spielen nicht-metrische Relationen eine Rolle, wobei zwei inhaltsgleiche Berichte sich eher in der gleichen Region abspielen und regionsübergreifende Relationen eher selten sein mögen, da eine Gewalttat in der Regel regional sehr gebunden ist. Temporale Relationen spielen hingegen eine sehr viel wichtigere Rolle, da eine zeitliche Einordnung von zeitlich eher kürzeren Ereignissen sehr wichtig für die Bestätigung ist. Hier sind umfangreiche temporale Relationen nötig, die nicht nur ein einfaches Überschneiden der Zeitintervalle beinhalten, sondern auch weitere Relationen wie "zeitgleicher Beginn" oder "zeitgleiches Ende".

Allgemein sind auch hier wieder grundlegende Informationen für einen Bericht nötig: Dies beinhaltet Ort und Zeit der Gewalttat, sowie eine Beschreibung der Gewalttat. Mit diesen Informationen muss es dann möglich sein inhaltsgleiche Berichte zu bestimmen um darauf aufbauend mit Hilfe der Bestätigungsregeln des Regelwerks die Verlässlichkeit der einzelnen gemeldeten Gewalttaten bestimmen zu können.

3.2 Struktur eines Berichts und Relationen zwischen Berichten

Rückblickend auf die bisherigen Ausführungen besteht im Social Reporting grundsätzlich der folgende Sachverhalt: Nutzer generieren Berichte – oder im weiteren Text auch *"Reports"* genannt – zu einem ausgewählten Anwendungsfall. Diese Reports werden zu einem zentralen Server gesendet und dort ausgewertet. Bei Bedarf werden die Daten im Anschluss für die Nutzergemeinschaft aufbereitet und nutzbar gemacht. Für einen generischen Ansatz zur Auswertung von Reports muss daher zunächst auch ein generischer Ansatz für den Aufbau von Reports ausgearbeitet werden. Darauf aufbauend muss eine grundlegende Struktur für Bestätigungsregeln erarbeitet werden, die anschließend für die Implementierung des Systems konkretisiert und spezifiziert werden muss. Die Grundüberlegungen hierzu finden sich auf den folgenden Seiten.

3.2.1 Grundlegender Aufbau eines Berichts

Bei genauerer Betrachtung der Anwendungsfälle, die in Kapitel 3.1 vorgestellt wurden, zeigt sich, dass alle Reports – unabhängig von ihrem eigentlichen Anwendungsfall – eine grundlegende Struktur teilen. Jede Beobachtung eines Sachverhalts ist einfach ausgedrückt die Antwort auf folgende Frage: *Was wurde **wann** und **wo** beobachtet?*

Die Frage nach dem *"was"* wird durch die Beschreibung der Beobachtung, die Frage nach dem *"wann"* durch das Zeitintervall der Beobachtung und die Frage nach dem *"wo"* durch die Position der Beobachtung beantwortet. Da nur mit diesen drei Informationen eine Beobachtung ausreichend dokumentiert ist, erscheint es logisch, dass auch diese drei Informationen die grundlegende Struktur eines Reports bilden müssen.

In den folgenden Kapiteln 3.2.2 bis 3.2.4 wird nun genauer auf diese fortan als *"Grundattribute"* bezeichneten Informationen eingegangen. Vor allem bezugnehmend auf die vorgestellten Anwendungsfälle werden mögliche Relationen zwischen Berichten betrachtet und mögliche Funktionen zur Beschreibung dieser Relationen herausgearbeitet.

3.2.2 Beschreibung der Beobachtung

Um verschiedene Reports eines Anwendungsfalles miteinander vergleichen zu können, muss man zunächst bestimmen können, welche Reports grundsätzlich inhaltsgleich sind. Um beim Beispiel *"Storm Chasing"* (siehe Kapitel 3.1.2) zu bleiben: Reports über eine besonders interessante Wolkenformation haben in der Regel nichts mit einem Report über eine Tornado-sichtung zu tun. Diese Reports sind *nicht* inhaltsgleich und sollen daher auch nicht auf eine mögliche Bestätigung oder einen möglichen Widerspruch untersucht werden.

Stattdessen sollen nur Reports, die grundsätzlich die gleiche Thematik beschreiben, auch wirklich für eine gegenseitige Untersuchung in Betracht gezogen werden. Hierfür dient die Beschreibung der Beobachtung, wobei sich auch zugleich ein Hindernis zeigt: Frei verfasste Beschreibungen haben in der Regel das Problem, dass sie nur schwer automatisch auf seman-tische Ähnlichkeit untersucht werden können.

Um dieses Problem zu umgehen gibt es zwei Möglichkeiten: Man versucht entweder ein umfangreiches System aufzubauen, dass je nach Anwendungsfall semantische Ähnlichkeiten bestimmen kann oder man schränkt die Beschreibungsmöglichkeiten derart ein, dass der Nut-zer nur noch aus einer vorgegeben Liste auswählen kann. Beide Ideen haben ihre Vor- und Nachteile. Im ersten Fall erhält man die Möglichkeit, dass Nutzer sehr genau ihre Beobach-tung beschreiben können, läuft aber Gefahr die einzelnen inhaltsgleichen Reports nicht mehr bestimmen zu können. Im zweiten Fall ist das Bestimmen von inhaltsgleichen Reports ein-fach, da nur bestimmte Beschreibungen – abhängig vom Anwendungsfall – dem Nutzer zur Verfügung stehen und diese eindeutig zuzuordnen sind. Im Gegenzug verliert man jedoch die potenziell sehr genaue Beschreibung der Beobachtungen durch den Nutzer.

Im vorliegenden generischen Ansatz wird vor allem auch aus Gründen der einfacheren Handhabung und Implementierung die zweite Möglichkeit gewählt. Der Nutzer erhält beim Erstellen eines Reports eine Liste möglicher Beschreibungen um die primäre Zuordnung der Beobachtung zu beschreiben. Zusätzlich wird ein Freitextfeld zur Verfügung gestellt um die Beobachtung sekundär zu konkretisieren. Dieser Freitext wird jedoch nicht zur Bestimmung inhaltsgleicher Reports genutzt, sondern dient nur als zusätzliche Informationsquelle für Nut-zer des Systems bei der Sichtung von Reports.

3.2.3 Zeitintervall der Beobachtung

Da Beobachtungen nur selten genau in einem Augenblick passieren, sondern immer inner-halb eines Intervalls geschehen – selbst wenn dieses Intervall nur eine Sekunde beträgt – ist es sinnvoller für die Zeit einer Beobachtung einen Anfang und ein Ende zu ermöglichen. Zudem sind temporale Relationen deutlich eingeschränkt, wenn man nur Timestamps nutzt, da eine

"Gleichzeitigkeit" von zwei Beobachtungen bzw. Reports so nur noch schwer realisierbar ist. Nur sehr wenige Beobachtungen werden genau im gleichen Augenblick geschehen und ebenso wenige Reports werden von Nutzer genau im gleichen Augenblick erfasst.

James F. Allen beschrieb bereits 1983 dreizehn Möglichkeiten, wie zwei temporale Intervalle zueinander in Beziehung stehen können. (vgl. Allen, 1983). Wie leicht auf Abbildung 4 zu erkennen ist lassen sich diese dreizehn möglichen Relationen auf sieben Relationen vereinfachen, da viele nur die inverse Relation einer anderen Relation darstellen. Da hiermit nach James F. Allen alle möglichen temporalen Relationen zweier Zeitintervalle abgedeckt sind, erscheint es auch hier nur logisch die Vorarbeit

Relation	Symbol	Symbol for Inverse	Pictoral Example
X *before* Y	<	>	XXX YYY
X *equal* Y	=	=	XXX YYY
X *meets* Y	m	mi	XXXYYY
X *overlaps* Y	o	oi	XXX YYY
X *during* Y	d	di	XXX YYYYYY
X *starts* Y	s	si	XXX YYYYY
X *finishes* Y	f	fi	XXX YYYYY

Abbildung 4: Dreizehn mögliche temporale Relationen nach Allen (vgl. Allen, 1983, S. 835).

von Allen für den vorliegenden generischen Ansatz bei der Erstellung von Bestätigungsregeln zu übernehmen. Allerdings ist eine kleine Erweiterung nötig.

Um ein weiteres Mal auf den Anwendungsfall *"Storm Chasing"* zurückzugreifen: Ein Tornado ist eine Wettererscheinung, die zeitlich recht kurz anzutreffen ist. Es reicht also nicht aus zu wissen, dass eine andere Sichtung eines Tornados davor war, da eine solche Sichtung auch mehrere Wochen zurück liegen kann und man sich hierbei sicher sein kann, dass es sich hierbei niemals um den gleichen Tornado handelt. Daher ist eine Erweiterung der Relation *"before"* um eine maximale Abweichung nötig, so dass man z.B. die Möglichkeit hat die Relation *"maximal 30 Minuten davor"* oder *"maximal 30 Sekunden davor"* nutzen zu können. Die Werte werden in Sekunden angegeben.

3.2.4 Position der Beobachtung

Da die Entwicklung des hier vorgestellten generischen Ansatzes den Fokus auf nicht-metrische Positionen setzt – also je nach Anwendungsfall festgelegte Regionen nutzt – wird die Position der Beobachtung nicht als absolute geographische Koordinate auf einem zuvor ausgewählten Referenzellipsoiden angesehen.

Stattdessen müssen je nach Anwendungsfall eine Reihe von Regionen nutzbar sein, die sich in räumliche Beziehungen zueinander setzen lassen. Der Nutzer soll dann bei der Erstellung eines Reports eine Liste möglicher Region zur Verfügung stehen haben, aus denen er die passende Region für seine Beobachtung auswählen kann. Hierbei muss natürlich darauf geachtet werden, dass die auswählbaren Region auf Seiten des Clients kongruent zu den Region auf dem Server sind, um mögliche Diskrepanzen zu vermeiden.

Zwischen Reports bestehen also nicht-metrische Beziehungen, die bei der Erstellung und Nutzung von Bestätigungsregeln eine große Rolle spielen. Zur Abbildung dieser Relation im vorliegenden generischen Ansatz wird Bezug auf das »OGIS spatial data model« genommen:

"The open GIS (OGIS) consortium was formed by major software vendors to formulate an industry-wide standard related to GIS interoperability. OGIS spatial data model can be embedded in a variety of programming languages [...]." (Shekhar et al., 2003, S. 98)

Das Open GIS Consortium hat in diesen Spezifikationen für die räumlichen Beziehungen zwischen zwei geometrischen Objekten acht Funktionen (vgl. Ryden, 2005, S. 31f) festgelegt. Für den vorliegenden generischen Ansatz werden sechs davon mit den folgenden Spezifikationen übernommen:

EQUALS	Region A und Region B stimmen überein
DISJOINT	Region A und Region B haben keinerlei Verbindung
TOUCHES	Region A und Region B berühren sich, ohne sich zu schneiden
WITHIN	Region A befindet sich vollständig in Region B
OVERLAPS	Region A liegt teilweise über Region B
CONTAINS	Region B befindet sich vollständig in Region A

Abbildung 5: Genutzte räumliche Relationen nach dem Open GIS Consortium.

Viele dieser Relationen sind von den ausgewählten Anwendungsfällen (siehe Kapitel 3.1) abgedeckt, andere hingegen nicht unbedingt. Da aber all diese Fälle vom Open GIS Consortium spezifiziert wurden, werden alle Relationen übernommen um den generischen Ansatz auch für bisher nicht angedachte Anwendungsfälle kompatibel zu halten.

3.2.5 Optionale Attribute

Die bisherigen Überlegungen haben zu einer grundlegenden Struktur für Reports geführt, unabhängig vom konkreten Anwendungsfall. Die folgende Tabelle zeigt zwei Reports aufbauend auf den Anwendungsfällen *"Beobachtung von Wildvögeln"* und *"Storm Chasing"*:

	»Beobachtung von Wildvögeln«	»Storm Chasing«
Primäre Beschreibung:	Elster	Tornado
Sekundäre Beschreibung:	Zwei Tiere am Ufer eines kleinen Sees entdeckt. Friedliches und nicht schreckhaftes Verhalten.	Unwetter aus Nordwesten kommend. Starker Tornado mit größeren Schäden.
Region:	Landkreis Altenburger Land	Mühlberg/Elbe
Zeitintervall Beginn:	27-06-2011 / 12:15 Uhr CEST	24-05-2010 / 15:00 Uhr CEST
Zeitintervall Ende:	27-06-2011 / 12:20 Uhr CEST	24-05-2010 / 15:15 Uhr CEST

Abbildung 6: Beispielhafte Reports und deren Grundattribute.

Damit sind die beiden Beobachtungen schon sehr klar und ausführlich erfasst. Allerdings sind für jeden Anwendungsfall auch noch weitere potenziell interessante Informationen möglich: Bei der Beobachtung von Wildvögeln beispielsweise die Anzahl der gesichteten Tiere oder beim Storm Chasing die herrschende Windgeschwindigkeit.

Diese Informationen könnte man natürlich einfach in die sekundäre Beschreibung einfließen lassen, allerdings können diese Informationen auch eine Rolle für die Erstellung des Bestätigungsgraphen spielen, weswegen diese anders gehandhabt werden müssen. Allerdings ist auch zu beachten, dass diese Informationen abhängig vom entsprechenden Anwendungsfall sind und daher nicht zu den *"Grundattributen"* eines Reports gerechnet werden können.

Die Lösung im vorliegenden generischen Ansatz ist die Einführung von *"Optionalen Attributen"*, die abhängig vom Anwendungsfall definiert werden müssen. Um jedoch auch hierbei dem generischen Ansatz treu bleiben zu können und eine automatische Verarbeitung der Daten gewährleisten zu können, müssen optionale Attribute bei der Definition einer Kategorie zugeordnet werden. Mit Blick auf die Anwendungsfälle (siehe Kapitel 3.1) erscheinen folgende Kategorien als eine sinnvolle Erweiterung der bisherigen Überlegungen:

OPTION	Auswahl aus vorgegeben Möglichkeiten.
INTEGER	Eingabe einer ganzen Zahl. (Dient zur Einschränkung auf ganze Zahlen.)
DOUBLE	Eingabe einer reellen Zahl.

Abbildung 7: Mögliche Kategorien optionaler Attribute.

Mögliche weitere Kategorien wurden zum aktuellen Zeitpunkt ausgeschlossen, wie die potenzielle Definition von Attributen zur Festlegung weiterer Positionen oder Zeitintervallen. Mit Blick auf die Anwendungsfälle fand sich hierbei keine brauchbare Nutzungsmöglichkeit.

Auch die Einführung einer weiteren Kategorie zum Speichern von Freitext wurde verworfen, da aufgrund der schweren semantischen Erfassbarkeit kein sinnvoller Nutzen für die Erstellung des Bestätigungsgraphen gesehen werden kann.

3.3 Aufbau eines Regelwerks und dessen Grammatik

Nachdem die Grundüberlegungen in Kapitel 3.2 abgeschlossen wurden, stellt sich die Frage nach der Umsetzung dieser Überlegungen. Dabei stellt man sich am Besten die spätere Nutzung des vorgestellten generischen Ansatzes vor:

Für einen bestimmten Anwendungsfall – beispielsweise die Beobachtung von Wildvögeln (siehe Kapitel 3.1.1) – soll ein System zur Erstellung und Verarbeitung von Reports aufgesetzt werden, zudem soll aus der Verarbeitung ein Bestätigungsgraph erstellt werden. Auf dem Server steht eine noch genauer zu spezifizierende Datenbank zur Verfügung und das gesamte System soll in Java implementiert werden. Auf der Seite des Clients sollen Reports mit einer rudimentären Android Application erfasst werden und an den zentralen Server zur Auswertung geschickt werden können.

Um den Aufwand für alle Beteiligten gering zu halten, soll lediglich eine Art *"Konfigurationsdatei"* oder auch *"Regelwerk"* mit grundlegenden Informationen und den nötigen Bestätigungsregeln zu Erstellen sein. Zusätzlich muss die bereitgestellte Datenbank mit rudimentären Informationen gefüllt werden, wie den möglichen Regionen für die nicht-metrischen Relationen (siehe Kapitel 4.1).

Der Aufbau dieses *"Regelwerks"* und vor allem der Aufbau der Bestätigungsregeln soll auf den folgenden Seiten im Fokus stehen. Dabei ist zu beachten, dass diese Konfigurationsdatei später vom Server geparst werden soll. Aus diesem Grund wird der Aufbau der Konfigurationsdatei auch in Form einer Grammatik stattfinden.

3.3.1 Nutzung der Lernumgebung AtoCC

Zur Erstellung der Grammatik und der Generierung des Scanners und des Parsers werden Programme aus der Lernumgebung »AtoCC«[4] genutzt, eine Entwicklung der Hochschule Zittau / Görlitz (FH), genauer des Fachbereiches Informatik. Die beiden folgenden Programme der Lernumgebung werden genutzt:

- **kfG Edit:** *»Mit kfG Edit können Sie kontextfreie Grammatiken erstellen, Beispielwörter ableiten und sich entsprechende Ableitungsbäume ausgeben lassen. Die Transformation einer Grammatik in einen Automaten oder einer VCC Definition ist ebenfalls möglich.«* *(Dokumentation zu AtoCC)*

---

4   Siehe: http://www.atocc.de/

- **VCC:** *»Mit dem Visual Compiler Compiler können Sie eigene Compiler entwickeln und anschließend in T-Diag verwenden. Sowohl Scanner als auch Parser werden dabei in VCC definiert. Die Ausgabesprache kann wahlweise auf Pascal(Delphi), C#, Java oder Scheme eingestellt werden.« (Dokumentation zu AtoCC)*

Grundlegende Anleitungen und weiterführende Informationen zur Nutzung der Programme werden dem Buch »Formale Sprachen, abstrakte Automaten und Compiler« (Wagenknecht et al., 2009) entnommen.

3.3.2 Allgemeiner Aufbau eines Regelwerks

Ein Regelwerk besteht grundlegend aus drei Bereichen. Der erste Bereich behandelt Informationen die Datenbank betreffend, der zweite Bereich behandelt die optionalen Attribute des entsprechenden Anwendungsfalls (siehe Kapitel 3.2.4) und der letzte Bereich behandelt das eigentliche Regelwerk, die Bestätigungsregeln. Innerhalb der Grammatik werden diese Bereiche als *"DatabaseSet"*, *"AttrSet"* und *"RuleSet"* bezeichnet. Der grundlegende Aufbau der Grammatik stellt sich also wie folgt dar. Die vollständige Grammatik findet sich im Anhang.

```
G = (N, T, P, s)

N = {System}
T = {DatabaseSet, AttrSet, RuleSet}
P = {
    System -> DatabaseSet AttrSet RuleSet
}
s = System
```

Abbildung 8: Grammatik des Regelwerks – Grundaufbau

3.3.3 Datenbankbereich des Regelwerks

Wie bereits in Kapitel 3.3 erwähnt wird von Seiten der Datenbank vorausgesetzt, dass die möglichen Regionen für die nicht-metrischen Relationen dort in einer Tabelle hinterlegt sind. Da davon auszugehen ist, dass eine Datenbank auch verschiedene Tabellen mit verschiedenen Sets an Regionen enthält, muss hier zwingend festgelegt werden, aus welcher Tabelle die Regionen bezogen werden sollen. Dies geschieht mit dem Befehl *"DBREGIONS"*.

Desweiteren werden in der Datenbank auch die eintreffenden Reports und die Daten für den Bestätigungsgraphen hinterlegt. Da auch hier potenziell davon auszugehen ist, dass innerhalb der Datenbank Daten von verschiedenen Anwendungsfällen hinterlegt werden, ist ein Präfix für die Tabellen des Anwendungsfalles mit dem Befehl *"DBPREFIX"* festzulegen.

Legt man das Präfix beispielsweise mit *"storm"* fest, so werden im späteren Einsatz des Servers die Tabellen *"storm_descs"*, *"storm_reports"* und *"storm_graph"* erstellt und genutzt.

```
[...]

  DatabaseSet -> DBPREFIX Name ; DBREGIONS Name ;
  Name        -> Letter
  Letter      -> UpperLetter Letter | Digit Letter
               | LowerLetter Letter | EPSILON
  LowerLetter -> a | b | c | d | e | f | g | h | i | j | k | l | m
               | n | o | p | q | r | s | t | u | v | w | x | y | z
  UpperLetter -> A | B | C | D | E | F | G | H | I | J | K | L | M
               | N | O | P | Q | R | S | T | U | V | W | X | Y | Z
               | _
  Digit       -> 0 | 1 | 2 | 3 | 4 | 5 | 6 | 7 | 8 | 9

[...]
```

Abbildung 9: Grammatik des Regelwerks – Datenbankbereich

Der Auszug aus einem Regelwerk in Abbildung 10 zeigt die Nutzung des Datenbankbereichs: Als Präfix aller Tabellen wird hier *"storm"* festgelegt, die nötigen und erlaubten Regionen finden sich in der Tabelle *"regions_germany"*.

```
DBPREFIX storm;
DBREGIONS regions_germany;
```

Abbildung 10: Beispielhafte Nutzung des Datenbankbereichs des Regelwerks.

3.3.4 Attributbereich des Regelwerks

Wie in Kapitel 3.2.4 vorgestellt gibt es drei mögliche Kategorien für optionale Attribute. Diese werden im Attributbereich des Regelwerks bestimmt. Dafür dient der Befehl *"DEFINE"*, gefolgt von der Kategorie und dem Namen des Attributs.

Zusätzlich werden hier auch die möglichen primären Beschreibungen (siehe Kapitel 3.2.2) definiert, der nötige Befehl hierfür lautet "DESC", gefolgt von beliebig vielen Strings.

```
[...]

  AttrSet         -> DESC DescDef ; AttrDef
  DescDef         -> String DescDef | EPSILON
  AttrDef         -> DEFINE AttrType String ;
                   | AttrDef AttrDef
                   | EPSILON
  AttrType        -> OPTION ( Option ) | DOUBLE | INTEGER
  Option          -> Option , Option | String
  String          -> " LetterWithSpace "
  LetterWithSpace -> " " LetterWithSpace
                   | UpperLetter LetterWithSpace
                   | Digit LetterWithSpace
                   | LowerLetter LetterWithSpace
                   | EPSILON

[...]
```

Abbildung 11: Grammatik des Regelwerks – Attributbereich

In Abbildung 12 ist eine beispielhafte Nutzung des Attributbereichs zu sehen: Dort werden zunächst mit dem Befehl *"DESC"* drei mögliche primäre Beschreibungen definiert. Im Anschluss folgt die Definition dreier optionaler Attribute. Das erste Attribut vom Typ *"Option"* trägt den Titel *"Typ"* und enthält die beiden Wahlmöglichkeiten *"Unwetter"* und *"Tornado"*. Danach folgt die Definition eines Attributs *"Windgeschwindigkeit"* vom Typ *"Integer"* und eines Attributs *"Entfernung"* vom Typ *"Double"*.

```
DESC "Sturm 1 Beaufort" "Sturm 2 Beaufort" "Sturm 3 Beaufort";
DEFINE OPTION ("Unwetter", "Tornado") "Typ";
DEFINE INTEGER "Windgeschwindigkeit";
DEFINE DOUBLE "Entfernung";
```

Abbildung 12: Beispielhafte Nutzung des Attributbereichs des Regelwerks.

3.3.5 Regelbereich des Regelwerks

Der zentrale Bereich des Regelwerks ist natürlich der Regelbereich, in dem die einzelnen Bestätigungsregeln zur Erstellung des Bestätigungsgraphen bestimmt werden. Hierbei wird vor allem auf den Vorüberlegungen aus den Kapiteln 3.2.3 und 3.2.4 aufgebaut.

Bestätigungsregeln müssen verschiedenartige Konditionen abdecken. Dies betrifft räumliche Konditionen (wie in Kapitel 3.2.4 ansatzweise beschrieben), temporale Konditionen (wie in Kapitel 3.2.3 ansatzweise beschrieben), sowie attributive Konditionen.

Diese können in beliebigem Umfang und in beliebiger Reihenfolge in einer Bestätigungsregel eingesetzt werden. Falls alle Konditionen einer Bestätigungsregel für ein Tupel an inhaltsgleichen Reports zutreffen, so wird der rechte Teil der Regel ausgewertet.

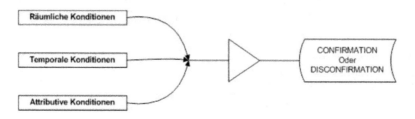

Abbildung 13: Grundlegende Struktur einer Bestätigungsregel.

Hier ist es möglich, dass sich entweder beide Reports gegenseitig bestätigen oder widersprechen. Zudem ist es möglich, das durch diese Regel nur einer der beiden Reports bestätigt wird oder nur einem der beiden Reports widersprochen wird.

Für einzelne Regeln bietet sich grundlegend ein einfacher "IF... THEN..." Aufbau an, wobei auf der linken Seite der Regeln die nötigen Bedingungen definiert werden und auf der rechten Seite die daraus folgenden Konsequenzen für den Bestätigungsgraphen. Mehrere Regeln werden durch ein Semikolon getrennt. Zudem werden die bekannten Operatoren "AND" und "OR" zusammen mit der Negationsmöglichkeit "NOT" unterstützt. Für komplexe Bedingungen ist desweiteren eine Klammerung möglich.

```
[...]

    RuleSet          -> RuleDef
    RuleDef          -> IF { Condition } THEN { Implication } ;
                     |  RuleDef RuleDef
    Condition        -> NOT ( Condition )
                     |  ( Condition )
                     |  Condition AND Condition
                     |  Condition OR Condition
    Implication      -> BOTH CONFIRMES
                     |  BOTH DISCONFIRMES
                     |  CONFIRMES Report
                     |  DISCONFIRMES Report

[...]
```

Abbildung 14: Grammatik des Regelwerks – Grundlegender Aufbau von Regeln

Abbildung 15 stellt den grundlegenden Aufbau von Regeln dar. Insgesamt sind drei Regeln mit den vorgestellten grundlegenden Konstrukten zu sehen:

```
IF {...} THEN {...}; IF {...} THEN {BOTH CONFIRMES};
IF {(... AND ...) OR (... AND ...)} THEN {DISCONFIRMES b.};
IF {NOT(...)} THEN {CONFIRMES a.};
```

Abbildung 15: Beispielhafter grundlegender Aufbau von Regeln

Räumliche Konditionen

Bereits in Kapitel 3.2.4 finden sich Grundüberlegungen zu den räumlichen Konditionen einer Bestätigungsregel. Die dort ausgeführten räumlichen Relationen nach dem Open GIS Consortium werden als mögliche räumliche Konditionen übernommen. Hierbei ist darauf zu achten, dass man bei der Nutzung auf die Reihenfolge der Reports *"a."* und *"b."* achtet.

```
[...]

    Condition        -> NOT ( Condition )
                     |  ( Condition )
                     |  Condition AND Condition
                     |  Condition OR Condition
                     |  Report SpatialOperator Report
    SpatialOperator -> CONTAINS | DISJOINT
                     |  EQUALS | OVERLAPS
                     |  TOUCHES | WITHIN

[...]
```

Abbildung 16: Grammatik des Regelwerks – Erweiterung für räumliche Konditionen

Temporale Konditionen

In Kapitel 3.2.3 wurden die Grundüberlegungen zu temporalen Relationen vorgestellt, wobei auch die sieben möglichen Relationen nach James F. Allen (vgl. Allen, 1983) dargestellt wurden. Diese Relationen werden nun als mögliche temporale Konditionen übernommen. Auch hierbei ist auf die richtige Nutzung der Reports *"a."* und *"b."* achtet.

```
[...]

   Condition         -> NOT ( Condition )
                      | ( Condition )
                      | Condition AND Condition
                      | Condition OR Condition
                      | Report SpatialOperator Report
                      | Report TemporalOperator Report
   TemporalOperator -> BEFORE ( Digit ) | DURING | EQUAL
                      | FINISHES | MEETS | OVERLAP | STARTS

[...]
```

Abbildung 17: Grammatik des Regelwerks – Erweiterung für temporale Konditionen

Attributive Konditionen

Optionale Attribute können zueinander in Relation stehen, wobei die beiden zu vergleichenden Reports mit *"a."* und *"b."* bezeichnet werden, wobei *"a."* für den ersten Report steht und *"b."* für den zweiten Report steht. Auf einzelne optionale Attribute kann dann durch Angabe des Reports gefolgt von einem Punkt und der Bezeichnung zugegriffen werden.

Hierbei ist zu beachten, dass die Bezeichnung eines Attributs auch Großbuchstaben und Leerzeichen enthalten kann. Will man ein Attribut ansprechen, dass Großbuchstaben und / oder Leerzeichen enthält, so werden Leerzeichen entfernt und Großbuchstaben zu kleinen Buchstaben. Beispielsweise um ein optionales Attribut mit der Bezeichnung *"Anzahl Tiere"* des ersten Reports anzusprechen, muss man dieses mit *"a.anzahltiere"* ansprechen.

Bei den Relationen ist nochmals zwischen der Kategorie *"Option"* und den beiden Kategorien *"Integer"* und *"Double"* zu unterscheiden. Attribute der Kategorie *"Option"* sind nicht ordinal skaliert, daher kann die Relation nur eine Gleichheit oder eine Ungleichheit und keine Ordnung repräsentieren. Die anderen beiden Kategorien unterstützen folgende Operatoren:

$$== \quad >= \quad <= \quad != \quad < \quad >$$

Zusätzlich sind statt Attributen auch Zahlenwerte möglich. So lässt sich beispielsweise prüfen ob ein optionales Integer-Attribut größer als 4 ist oder ob ein optionales Double-Attribut ungleich 3.2 ist. Ein Nutzen dieser Möglichkeiten hängt natürlich vom entsprechenden Anwendungsfall ab. So ist beim Anwendungsfall *"Beobachtung von Wildvögeln"* (siehe Kapitel 3.1.1) ein optionales Integer-Attribut *"Anzahl"* denkbar, wobei in einer Bestätigungsregel die Kondition möglich ist nur Reports mit mindestens vier Tieren in Erwägung zu ziehen.

```
[...]

    Condition          -> NOT ( Condition )
                       | ( Condition )
                       | Variable Operator Variable
                       | Condition AND Condition
                       | Condition OR Condition
                       | Report SpatialOperator Report
                       | Report TemporalOperator Report
    Operator           -> != | < | <= | == | > | >=
    Variable           -> Report Name | String | Value
    Report             -> a. | b.
    Value              -> + Digit . Digit | - Digit . Digit
                       | Digit . Digit | + Digit | - Digit
                       | Digit

[...]
```

Abbildung 18: Grammatik des Regelwerks – Erweiterung für attributive Konditionen

4 Umsetzung und Implementierung des Ansatzes

Nachdem in Kapitel 3 der Generische Ansatz zur Erstellung eines Bestätigungsgraphen auf Basis ausgewählter Anwendungsfälle schrittweise ausgearbeitet wurde, soll im folgenden Kapitel die Umsetzung und Implementierung des Ansatzes beschrieben werden.

Dies betrifft das Festlegen der Use Cases, den grundlegenden Systementwurf, die Auswahl einer geeigneten Spatial Database, die Umsetzung eines Scanners und Parsers auf Basis der erarbeiteten Grammatik und vor allem die Implementierung auf Basis der objektorientierten Programmiersprache Java.

4.1 Use Cases und Systementwurf

Auf Basis der bisherigen Arbeit und mit Blick auf das Ziel den generischen Ansatz auch in der gewünschten Form als Server-Client-Applikation zu implementieren, wurden zunächst die Use Cases herausgearbeitet, die in Abbildung 19 zu sehen sind.

Im Zentrum steht die *"Network Communication"*, über die die Kommunikation zwischen Client und Server abläuft. Auf der Client-Seite befindet sich der Use Case *"Create Report"*, der das Erstellen und Absenden eines neuen Reports zu einem beliebigen Anwendungsfall repräsentiert.

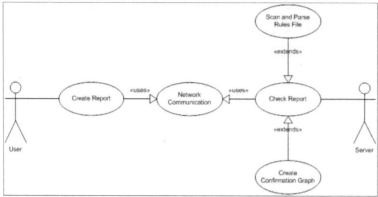

Abbildung 19: Use-Case-Diagramm als Basis der Implementierung.

Auf der Server-Seite findet sich der Use Case *"Check Report"*, der beim Eintreffen eines neuen Reports alle damit verbundenen Aktionen des Servers beinhaltet, wie z.B. das Überprüfen der Integrität des Reports und das Anstoßen einer Aktualisierung des Bestätigungsgraphen. Dieser Use Case wird von zwei weiteren Use Cases erweitert: *"Scan and Parse Rules Files"* beinhaltet alle Funktionen, die mit dem Scannen und Parsen der Konfigurationsdatei und des Regelwerks zu tun haben, sowie die daraus entstehenden Folgefunktionen. *"Create Confirmation Graph"* hingegen beinhaltet den Aufbau und die Aktualisierung des Bestätigungsgraphen.

Der Systementwurf basiert auf dem Model View Controller Architekturmuster, wobei in Abbildung 20 die unterste Ebene die Model-Ebene repräsentiert, in der Mitte folgt die Controller-Ebene und ganz oben setzt die View-Ebene auf:

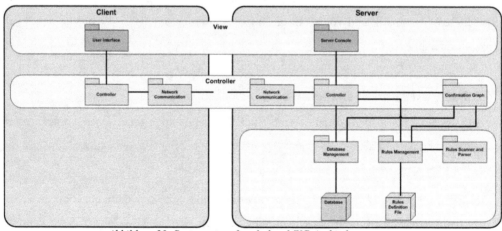

Abbildung 20: Systementwurf nach dem MVC-Architekturmuster.

In der Model-Ebene finden sich auf der Server-Seite drei Subsysteme. *"Database Management"* setzt auf der Datenbank des Servers auf und dient als Bindeglied zwischen allen anderen Subsystemen des Servers und der Datenbank. Dies ermöglicht es bei Bedarf auch eine andere Datenbank einzusetzen, ohne zu viel am gesamten Server verändern zu müssen. Hier muss zudem zunächst die Integrität eines Reports geprüft werden um fehlerhafte Reports erst gar nicht in die Datenbank zu übernehmen und nicht für die Erstellung eines Bestätigungsgraphen zu nutzen. Das Subsystem *"Rules Management"* in Verbindung mit dem Subsystem *"Rules Scanner and Parser"* kümmert sich um das Scannen und Parsen des Regelwerks und bereitet diese für andere Subsysteme des Servers auf. Auf der Client-Seite finden sich in der Model-Ebene keine eigenen Subsysteme, da der Client bewusst klein und rudimentär gehalten wurde, da er nur zum einfachen Erstellen und Versenden von Berichten dienen soll. Alle darüber hinausgehenden Funktionen sind für eine erste Implementierung des generischen Ansatzes eher unwichtig und daher nicht aufgenommen. Eine zukünftige weitere und umfangreichere Implementierung sollte natürlich auch bei diesem Aspekt

Die Controller-Ebene verfügt auf Server-Seite über vier Subsysteme: Im Zentrum steht das Subsystem *"Controller"*, das alle Funktionen des Servers zentral regelt. Die Erstellung des Bestätigungsgraphen inklusive aller dazugehörigen Funktionen sind im Subsystem *"Confirmation Graph"* hinterlegt. Das dritte Subsystem *"Network Communication"* findet sich ebenso auf der Client-Seite und dient auf beiden Seiten zur Kommunikation zwischen den beiden Instanzen. Zudem findet sich auf Client-Seite ebenso ein Subsystem *"Controller"* als zentrale Steuerungseinheit.

Für die View-Ebene dient das Subsystem *"User Interface"* auf Client-Seite für jegliche Interaktion mit dem Nutzer. Auf der Server-Seite findet sich das Subsystem *"Server Console"*. Dieses hat zwei grundlegende Funktionen: Interaktion mit dem Server-Administrator damit sich beispielsweise der Server starten oder stoppen lässt. Und zusätzlich die Möglichkeit Ausgaben über das aktuelle Server-Geschehen auf der Server-Konsole auszugeben.

4.2 Auswahl der Spatial Database auf Serverseite

Für die Implementierung wird auf Serverseite eine Datenbank benötigt, die neben den üblichen Funktionen zur Erstellung, Bearbeitung und Abfrage von Datensätzen auch Spatial Features unterstützt. Zwar ist der Ansatz darauf ausgelegt, dass man jederzeit auch eine andere geeignete Datenbank im Hintergrund des Servers einsetzen kann, allerdings soll für die aktuelle Implementierung nur eine einzige geeignete Datenbank ausgewählt und auch genutzt werden. Im Folgenden soll die getroffene Auswahl genauer erläutert werden:

4.2.1 MySQL in der Version 5.5.13

MySQL unterstützt in der aktuellen Version 5.5.13 vom 31. Mai 2011 ansatzweise Spatial Features. Zwar lassen sich damit geographische Features erstellen und analysieren, allerdings sind die Anfragefunktionen nicht im Sinne der *"OpenGIS® Simple Features Specifications For SQL"* implementiert: *"Currently, MySQL does not implement these functions according to the specification. Those that are implemented return the same result as the corresponding MBR-based functions."* (Oracle, 2011, Kapitel 11.17.5.4.2).

Eine reine Nutzung von *"minimal bounding rectangles"* bei der Arbeit mit Spatial Features ist jedoch nicht im Sinne des vorliegenden generischen Ansatzes. Daher ist MySQL keine Option für die Auswahl einer geeigneten Spatial Database.

4.2.2 Oracle Datenbank 11g Standard Edition One (SE1)

Die Oracle Datenbank in der aktuellen Version unterstützt Spatial Features im vollen Umfang, hat jedoch einen Einkaufspreis von mindestens 142 Euro[5]. Um den gesamten Ansatz jedoch unabhängig von kostenpflichtiger Software zu halten, wurde auch die Oracle Datenbank trotz der umfangreichen Unterstützung von Spatial Features nicht in Betracht gezogen.

4.2.3 PostgreSQL in der Version 9.0.4

PostgreSQL als kostenfreie Open Source Lösung unterstützt an sich keine Spatial Features, kann jedoch um eine derartige Unterstützung erweitert werden. Diese Erweiterung trägt den Namen *"PostGIS"* und wird auf der offiziellen Webseite[6] wie folgt beschrieben: *"PostGIS adds support for geographic objects to the PostgreSQL object-relational database. In effect, PostGIS 'spatially enables' the PostgreSQL server, allowing it to be used as a backend spatial database for geographic information systems (GIS), much like ESRI's SDE or Oracle's Spatial extension. PostGIS follows the OpenGIS 'Simple Features Specification for SQL' and has been certified as compliant with the 'Types and Functions' profile."*

Da PostgreSQL in Verbindung mit PostGIS den OpenGIS Spezifikationen folgt und zugleich eine kostenfreie und umfangreiche Lösung ist, die einfach und schnell auf verschiede-

---

5   Siehe: https://shop.oracle.com/pls/ostore/
6   Siehe: http://postgis.refractions.net/

nen Betriebssystemen zum Einsatz kommen kann, wurde PostgreSQL als Datenbanklösung für den generischen Ansatz und dessen Implementierung gewählt.

4.3 Entwurf des Datenbankaufbaus

Nachdem die Wahl einer geeigneten Datenbank auf PostgreSQL in Kombination mit Post-GIS gefallen ist, muss als nächstes ein geeigneter Datenbankentwurf realisiert werden. Wie bereits in Kapitel 3.3.3 angesprochen werden vier Tabellen benötigt, wobei eine Tabelle die möglichen Regionen enthält und zugleich von mehreren verschiedenen Anwendungsfällen genutzt werden kann. Die andere drei Tabellen werden für den jeweiligen Anwendungsfall erstellt und genutzt, wobei hier ein Präfix genutzt wird. Lautet das Präfix beispielsweise *"test"*, so werden die Tabellen *"test_descs"*, *"test_reports"* und *"test_graph"* genutzt.

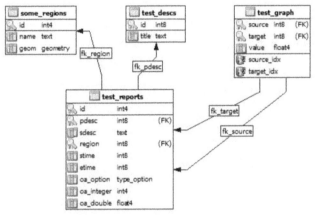

Abbildung 21: Entwurf des Datenbankaufbaus.

Hierbei dient die Tabelle *"test_descs"* zum Speichern aller möglichen primären Beschreibungen eines Reports (siehe Kapitel 3.2.2). Die Tabelle *"test_reports"* dient zum Speichern der eigentlichen Reports inklusive aller Grundattribute und den optionalen weiteren Attributen abhängig vom jeweiligen Anwendungsfall und die Tabelle *"test_graph"* zum Speichern der nötigen Information zum Erstellen eines Bestätigungsgraphen.

In Abbildung 21 ist der grundlegende Aufbau der Datenbank dargestellt. Als Tabelle für die Regionen wird im dargestellten Fall *"some_regions"* genutzt. Desweiteren finden sich in der Tabelle *"test_reports"* neben den Grundattributen auch drei optionale Attribute. Optionale Attribute der Kategorie *"Integer"* werden in PostgreSQL als *"int4"* dargestellt, optionale Attribute der Kategorie *"Double"* werden in PostgreSQL als *"float4"* dargestellt. Für Optionale Attribute der Kategorie *"Option"* wird zunächst in der Datenbank eine neue Enumeration mit den möglichen Auswahloptionen angelegt. Auf Basis dieser Enumeration wird dann das optionale Attribut dargestellt. Je nach Anwendungsfall finden sich hier natürlich andere optionale Attribute in beliebiger Anzahl und in beliebiger Kombination. Alle nötigen Tabellen und deren Aufbau werden später vom Server nach dem Parsen der Konfigurationsdatei angelegt.

4.4 Implementierung auf Serverseite

Die Implementierung des Servers wird zunächst auf Basis der bisher gestellten Anforderungen und Grundüberlegungen angegangen. Mit Blick auf den Systementwurf (siehe Kapitel 4.1) wird jedes dort festgelegte Subsystem auf den folgenden Seiten genauer untersucht und beschrieben. Zudem findet sich zu jedem Subsystem ein umfangreiches Klassendiagramm.

4.4.1 Subsystem Server Console

Die Server Konsole ist die Schnittstelle des Servers zu einem potenziellen User des Servers. Auf der Konsole werden aktuelle Statusmeldungen und Fehlermeldungen ausgegeben. Zudem hat der Nutzer die Möglichkeit den Server zu starten und zu stoppen. Es ist also möglich den Server in eine Art *"Pause"* zu versetzen mit den Befehlen *"start server"* und *"stop server"*. Mit dem Befehl *"shutdown server"* lässt sich der Server kontrolliert beenden. Zudem läuft jeglicher Output des Servers über dieses Subsystem. Eintreffende Nachrichten von anderen Subsyste-

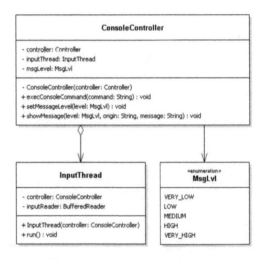

Abbildung 22: Klassendiagramm für das Server-Subsystem "Server Console".

men erhalten einen *"Message Level"*, der die Wichtigkeit der Nachricht angibt. Falls die eintreffende Nachricht eine zu geringe Stufe gegenüber der aktuellen Einstellung aufweist, so wird diese Nachricht nicht ausgegeben. Der Nutzer kann die aktuelle Stufe per Eingabe bestimmen: *"set level to very_low"*, *"set level to low"*, *"set level to medium"*, *"set level to high"* und *"set level to very_high"*. Eintreffende Nachrichten müssen dann mindestens die festgelegte Stufe aufweisen um angezeigt zu werden.

4.4.2 Subsystem Network Communication

Die Netzwerkkommunikation stellt die Verbindung zwischen dem Server und einer beliebigen Anzahl an Clients dar. Hierzu wird ein Thread – in Abbildung 23 als *"NetworkThread"* zu sehen – gestartet, der nur dafür zuständig ist eingehende Verbindungen von Clients anzunehmen.

Für jede erfolgreiche Verbindung zwischen Server und Client wird anschließend ein weiterer Thread – in Abbildung 23 als *"ClientThread"* zu sehen – gestartet, der zunächst die nötigen Streams erstellt und im Anschluss auf ein eingehendes Objekt von Clientseite wartet. Falls das gesendete und vom Server empfangene Objekt auch wirklich ein Report ist, so wird dieser über den *"NetworkController"* an das Subsystem *"Database Management"* für weitere Verarbeitung übergeben. Der Client erhält eine Bestätigung, dass der gesendete Report am Server eingetroffen ist.

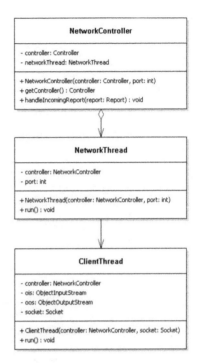

Abbildung 23: Klassendiagramm für das Server-Subsystem "Network Communication".

4.4.3 Subsystem Controller

Das zentrale System des Servers stellt das Subsystem *"Controller"* dar. Von hier aus wird nicht nur der Server an sich gestartet und gestoppt, sondern auch ein kontrolliertes Beenden des Servers wird ermöglicht. Hierzu überprüft der Server zunächst ob in der Warteschlange des Subsystems *"Database Manager"* noch Reports auf eine Überprüfung und Speicherung in der Datenbank warten. Erst wenn alle Reports abgehandelt sind, kann der Server mit dem Befehl *"shutdown server"* in der Server Konsole (siehe Kapitel 4.4.1) beendet werden.

Neben dem Initialisieren und Starten aller anderen Subsysteme wird hier auch die Konfigurationsdatei des Servers eingelesen und deren Einstellungen für weiterer Gebrauch gespeichert. Die Konfigurationsdatei enthält Daten für die Verbindung zur Datenbank, das genutzte Datenbanksystem – bisher ist hier natürlich nur PostgreSQL möglich – und den Port, auf dem das Subsystem *"Network Communication"* auf Verbindungsversuche von Clients warten soll. In Abbildung 24 ist eine beispielhafte Konfigurationsdatei zu sehen.

```
# Server Config File
compiler = PostgreSQL
dbhost = localhost
dbuser = postgres
dbport = 5432
dbpass = password
dbname = bachelorthesis
scport = 45000
```

Abbildung 24: Beispiel einer Server-Konfigurationsdatei.

Die Konfigurationsdatei *"server.cfg"* wird beim Starten des Servers automatisch aus dem Unterordner *"config"* ausgelesen. Falls dies nicht möglich ist, so gibt der Server eine Fehlermeldung aus und beendet sich selbst wieder. Auch ein fehlerhafter Aufbau bzw. fehlende Angaben führen zu einem Beenden des Servers mit Fehlermeldung. Das vollständige Klassendiagramm des Subsystems ist in Abbildung 25 zu sehen.

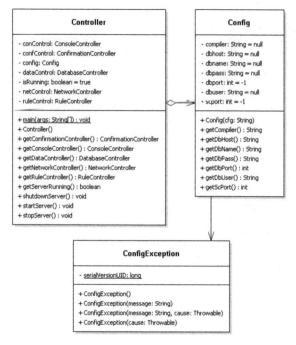

*Abbildung 25: Klassendiagramm für das Server-Subsystem
"Controller".*

4.4.4 Subsystem Database Management

Jeglicher Zugriff auf die Datenbank läuft über das Subsystem "Database Management". Dieses ist so angelegt, dass die Datenbank im Hintergrund jederzeit recht einfach ausgetauscht werden kann, da der größte Teil des SQL-Codes vom Parser (siehe Kapitel 4.4.6) abhängig von der in der Konfigurationsdatei des Servers (siehe Kapitel 4.4.4) generiert wird.

Das Datenbank-Subsystem selbst stützt sich daher zu einem großen Teil auf den vom Parser gelieferten Output. Allerdings finden sich hier auch viele weitere Funktionen:

Die Verbindung zur Datenbank läuft über einen *"ConnectionPool"*, der Verbindungen je nach Bedarf erstellt, beendet oder offen hält. Falls das Subsystem eine Verbindung zur Datenbank benötigt, so erhält es diese auf Anfrage vom *"ConnectionPool"* und gibt die Verbindung nach Gebrauch auch an diesen wieder zurück. Dieses System erlaubt es bereits geöffnete Verbindungen zur Datenbank auch für andere Anfragen nochmals zu nutzen, anstatt bei jeder Anfrage eine neue Verbindung zu öffnen. Dies führt vor allem bei großer Serverlast zu einer deutlich verbesserten Performance den Zugriff auf die Datenbank betreffend.

Beim Start des Servers wird auch der *"IncomingReportThread"* gestartet, der sich auf eine Instanz der *"ReportQueue"* stützt. In der *"ReportQueue"* werden alle eingegangenen, aber noch nicht überprüften und abgehandelten Reports zwischengespeichert, bis der Server diese bearbeiten kann. Der "IncomingReportThread" holt nach dem Prinzip *"First In – First Out"* den nächsten wartenden Report aus der Warteschlange und bearbeitet diesen. Dies geschieht solange bis keine Reports mehr in der Warteschlange sind. Trifft dieser Fall ein, so wartet der Thread 30 Sekunden bis zur nächsten Überprüfung der *"ReportQueue"*.

Ein über das Subsystem *"Network Communication"* (siehe Kapitel 4.4.2) eintreffender Report muss also den folgenden Weg gehen:

- Übergabe des Reports *zum "Database Management"* Subsystem.

- Temporäre Speicherung in der *"ReportQueue"*.

- Abholung aus der *"ReportQueue"* durch den *"IncomingReportThread"*.

- Laden des zugehörigen Regelwerks vom *"Rules Management"* Subsystem.

- Überprüfung der Tabellenstruktur in der Datenbank.

- Bei Bedarf: Erstellung der Tabellen auf Basis des geladenen Regelwerks.

- Speicherung des Reports in der Datenbank.

- Anwendung des Regelwerks im Bezug auf den neuen Report.

- Erstellung neuer gewichteter und gerichteter Kanten für den Bestätigungsgraphen.

- Speicherung der erstellten Kanten in der Datenbank.

Die unten zu sehende Abbildung 26 zeigt den vollständigen Aufbau des komplexen Subsystems in Form eines Klassendiagramms. Alle Funktionen zur Erstellung der Tabellenstruktur auf Basis eines Regelwerks finden sich in der Klasse *"TableCreator"*, die bei Bedarf vom *"DatabaseController"* erstellt und genutzt wird.

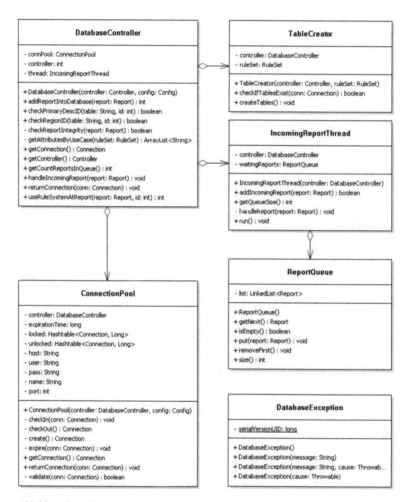

Abbildung 26: Klassendiagramm für das Server-Subsystem "Database Management".

4.4.5 Subsystem Rules Management

Dieses Subsystem dient vor allem zum Speichern von Regelwerken und stützt sich dabei sehr auf das Subsystem *"Rules Scanner and Parser"* (siehe Kapitel 4.4.6). Ein vom lokalen Speicher geladenes Regelwerk wird in Form eines *"RuleSet"* Objekts mit assoziierten *"Rule"* Objekten abgebildet und damit für andere Subsysteme nutzbar.

Da der Server mehrere verschiedene Anwendungsfälle gleichzeitig unterstützen soll, bietet es sich an dieser Stelle an einmal geladene Regelwerke nicht gleich wieder zu verwerfen, sondern für mögliche zukünftige Anfragen zu speichern. Dies bedeutet, dass der *"RuleController"* bei der Anfrage nach einem Regelwerk zunächst die Liste der gespeicherten Regelwerke durchsucht und bei Bedarf von dort das passende *"RuleSet"* zurück gibt. Nur wenn das gewünschte Regelwerk in der Liste nicht hinterlegt ist, wird das Subsystem *"Rules Scanner and Parser"* angesprochen das benötigte Regelwerk vom lokalen Speicher zu parsen.

Die folgende Abbildung 27 zeigt wie auch bei den anderen bisher vorgestellten Subsystemen den genauen Aufbau des Subsystems in Form eines vollständigen Klassendiagramms.

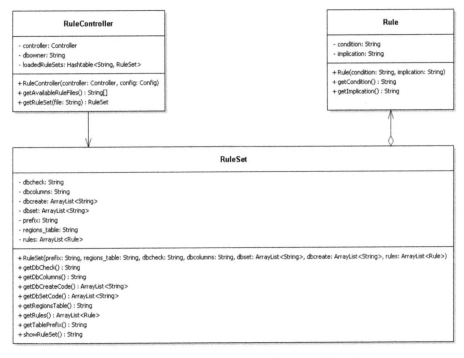

Abbildung 27: Klassendiagramm für das Server-Subsystem "Rule Management".

4.4.6 Subsystem Rules Scanner and Parser

Im Zentrum dieses Subsystems steht der Compiler, der Regelwerke für das restliche System aufbereitet. Die grundlegende Generierung der Compiler-Klasse wird mit dem Programm *"Visual Compiler Compiler"* (siehe Kapitel 3.3.1) durchgeführt. Das Produkt dieser Generierung wird dann im Anschluss umfassend für den Einsatz auf Server-Seite umgestaltet und angepasst. Der vorliegende generische Ansatz bildet die einzelnen Bestätigungsregeln auf SQL ab. Im Falle von PostgreSQL ist der grundlegende Aufbau einer Regel wie folgt:

```
SELECT a.id AS reportA, b.id AS reportB FROM test_reports AS a, test_reports AS b, some_regions
AS ra, some_regions AS rb WHERE a.pdesc = b.pdesc AND a.id != b.id AND a.region = ra.id AND
b.region = rb.id AND (a.id = #Report-ID# OR b.id = #Report-ID#) AND
```

Abbildung 28: Grundsätzlicher SQL-Aufbau einer Bestätigungsregel.

Besonders wichtig ist es die einzelnen Konditionen der Regeln korrekt abzubilden. Attributive Konditionen können beinahe direkt übernommen werden. Räumliche Konditionen benötigen eine geringe Anpassung und temporale Konditionen müssen umfangreich auf SQL abgebildet werden, da sie nativ so nicht von PostgreSQL unterstützt werden (siehe Abbildung 29).

Räumliche Konditionen	
a. EQUALS b.	EQUALS(ra.geom, rb.geom)
a. DISJOINT b.	DISJOINT(ra.geom, rb.geom)
a. TOUCHES b.	TOUCHES(ra.geom, rb.geom)
a. WITHIN b.	WITHIN(ra.geom, rb.geom)
a. OVERLAPS b.	OVERLAPS(ra.geom, rb.geom)
a. CONTAINS b.	CONTAINS(ra.geom, rb.geom)
Temporale Konditionen	
a. BEFORE (120) b.	a.etime < b.stime AND b.stime – a.etime <= 120
a. DURING b.	a.stime > b.stime AND a.etime < b.etime
a. EQUAL b.	a.stime = b.stime AND a.etime = b.etime
a. FINISHES b.	a.etime = b.etime
a. MEETS b.	a.etime = b.stime
a. OVERLAP b.	((a.stime < b.stime AND a.etime < b.etime) OR (a.stime > b.stime AND a.etime > b.etime))
a. STARTS b.	a.stime = b.stime
Attributive Konditionen	
a.anzahltiere != b.anzahltiere	a.anzahltiere != b.anzahltiere
a.anzahltiere > 4	a.anzahltiere > 4
a.option == "Wolf"	a.option = 'Wolf'

Abbildung 29: Umsetzungstabelle von Regelkonditionen zu SQL-Statements.

Desweiteren muss natürlich auch darauf geachtet werden, dass der Compiler alle nötigen SQL-Statements zur Verfügung stellt um die nötigen Tabellen für den Anwendungsfall bei Bedarf erstellen zu können. Das Subsystem agiert zudem nicht von alleine, sondern nur auf Anfrage durch das Subsystem *"Rules Management"* und nutzt zur Abbildung des Parser-Ergebnisses auch dessen Klassen *"RuleSet"* und *"Rule"* (siehe Kapitel 4.4.5).

Um die Unterstützung verschiedener Datenbanken zu realisieren findet sich in diesem Subsystem ein Interface *"Compiler"*, auf dem alle weiteren Compiler aufbauen. Für die aktuelle Implementierung ist jedoch nur der *"PostgreSQLCompiler"* vorhanden (siehe Abbildung 30).

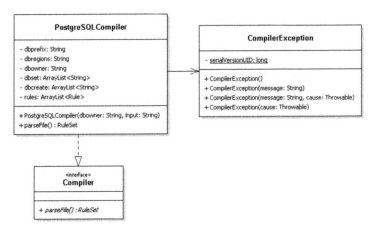

Abbildung 30: Klassendiagramm für das Server-Subsystem "Rules Scanner and Parser".

4.4.7 Subsystem Confirmation Graph

Das abschließende System des Servers ist das Subsystem *"Confirmation Graph"* und ist zuständig für die Erstellung und visuelle Repräsentation eines Bestätigungsgraphen für einen spezifischen Anwendungsfall. Um einen derartigen Graphen von der Server Software erstellen und anzeigen zu lassen unterstützt die Server Konsole den Befehl *"show graph"* gefolgt vom Präfix-Titel des Anwendungsfalls. Beispielsweise lässt sich der Befehl wie folgt ausführen: *"show graph wildlife"*. Daraufhin wird der Server auf die zugehörigen Daten in der Datenbank zugreifen und mit dem derzeit einzigen Standard-Algorithmus den Bestätigungsgraphen berechnen, gefolgt von einer visuellen Darstellung.

Die visuelle Darstellung erfolgt auf Basis des *"JUNG Frameworks"*, dass auf der offiziellen Webseite[7] wie folgt beschrieben wird: *"JUNG – the Java Universal Network/Graph*

---

7   Siehe: http://jung.sourceforge.net/

Framework – is a software library that provides a common and extendible language for the modeling, analysis, and visualization of data that can be represented as a graph or network. It is written in Java, which allows JUNG-based applications to make use of the extensive built-in capabilities of the Java API, as well as those of other existing third-party Java libraries. The JUNG architecture is designed to support a variety of representations of entities and their relations, such as directed and undirected graphs, multi-modal graphs, graphs with parallel edges, and hypergraphs. It provides a mechanism for annotating graphs, entities, and relations with metadata. This facilitates the creation of analytic tools for complex data sets that can examine the relations between entities as well as the metadata attached to each entity and relation."

Zu beachten ist hierbei, dass die visuelle Darstellung nicht aktualisiert wird, wenn in der Datenbank neue relevante Reports eingefügt werden. Um diese ebenfalls darzustellen, ist ein Neuaufbau der Visualisierung per Konsoleneingabe nötig.

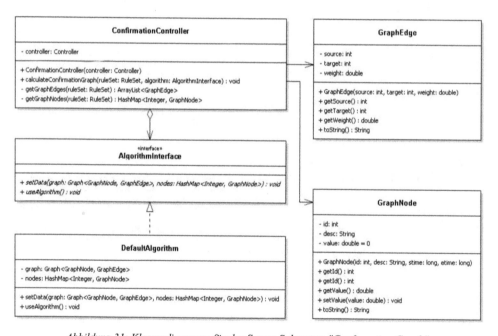

Abbildung 31: Klassendiagramm für das Server-Subsystem "Confirmation Graph".

Der genutzte *"DefaultAlgorithm"* ist an den Page Rank Algorithmus angelehnt. Hierbei wird der Bestätigungswert aller eingehenden Kanten mit dem zugehörigen Validierungswert des Ursprungsknoten multipliziert. Die Summe wird dann zum bisherigen Validierungswert addiert. Insgesamt fünf Iterationen liefern die endgültigen Validierungswerte der Knoten.

4.5 Implementierung auf Clientseite

Die Implementierung des Clients stellt nur eine rudimentäre Version des Clients dar, der hauptsächlich dazu dient Reports zu erstellen und diese an den Server zu senden. Der Client muss hierfür je nach Anwendungsfall angepasst werden, auf der Server Seite ist wie in Kapitel 4.4 vorgestellt nur ein entsprechendes Regelwerk nötig.

4.5.1 Subsystem User Interface

Das User Interface besteht aus zwei Ansichten. Eine Ansicht als *"Willkommens-Dialog"* und die andere Ansicht dient zum Erstellen und Versenden von Reports. In Abbildung 32 ist der *"Willkommens-Dialog"* eines Clients zu sehen. Der Anwendungsfall *"Wetterbericht"* wird in der Evaluation des gesamten Ansatzes in Kapitel 5 vorgestellt und genutzt.

Nach Ablauf von fünf Sekunden wird von der Ansicht *"Welcome"* zur Ansicht *"ReportCreation"* geleitet, die die Maske zum Erstellen eines Reports beinhaltet. Nachdem der Nutzer alle Daten des Berichts festgelegt hat und diese absendet, wird deren Vollständigkeit überprüft. Bei Erfolg wird ein Verbindungsversuch zum Server gestartet

Abbildung 32: Beispiel eines Clients.

und nach einer erfolgreichen Verbindung wird der erstellte Report dem Server übergeben.

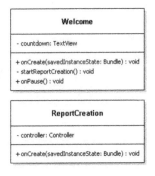

Abbildung 33: Klassendiagramm für das Client-Subsystem "User Interface".

4.5.2 Subsystem Controller

Im Zentrum des Clients steht das Subsystem *"Controller"*, welches vor allem beim Überprüfen und Senden von Reports zum Einsatz kommt. Die vom Subsystem *"User Interface"*
übergebenen Daten werden hier verarbeitet und auf Vollständigkeit geprüft, bei Erfolg wird
das Subsystem *"Network Communication"* angesprochen, um den Report zu versenden.

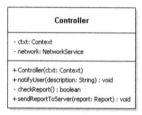

Abbildung 34: Klassendiagramm
für das Client-Subsystem
"Controller".

4.5.3 Subsystem Network Communication

Das Subsystem "Network Communication" ist für das Versenden von Reports an den Server zuständig. Alle Funktionen werden hierbei vom Subsystem "Controller" aufgerufen. Sobald ein Report zum Versenden ansteht, wird versucht eine Verbindung zum Server aufzubau-
en. Sobald diese steht wird das Report Objekt an den Server gesendet und die Verbindung
zum Server wieder geschlossen.

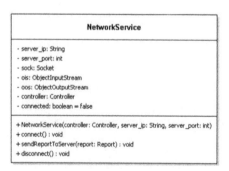

Abbildung 35: Klassendiagramm für das Client-
Subsystem "Network Communication".

5 Evaluation der Generic Social Report Confirmation Software

Das Ergebnis der Implementierung des vorgestellten generischen Ansatzes trägt den Titel *"Generic Social Report Confirmation Software"* – oder kürzer: GSRCS. Um die abgeschlossene Implementierung vor allem auf Serverseite zu evaluieren muss zunächst festgelegt werden, welche Aspekte der Software zu evaluieren sind und wie dies geschehen soll:

- Auf Basis eines ausgewählten Anwendungsfalles soll eine rudimentäre Form eines Regelwerks beschrieben und erstellt werden.

- Die GSRC Software muss dieses Regelwerk erfolgreich einlesen und parsen können.

- In der vorgesehenen Datenbank muss eine Tabelle mit Regionen hinterlegt werden.

- Eine Reihe von Reports zum betreffenden Anwendungsfall sollen nach und nach der GSRC Software übergeben werden. Um dies zu vereinfachen wird nicht der Weg über den Android Client genutzt, sondern die Reports werden per JUnit übergeben.

- Eintreffende Reports müssen nach dem in Kapitel 4.4.4 beschriebenen Schema verarbeitet und in der Datenbank gespeichert werden.

- Auf Basis des Regelwerks müssen Bestätigungswerte zwischen inhaltsgleichen Berichten richtig berechnet werden und in der Datenbank hinterlegt werden.

- Der Bestätigungsgraph muss mit den Daten aus der Datenbank richtig und erfolgreich berechnet und dargestellt werden.

- Es bietet sich zunächst ein Test mit wenigen Reports an. Im Anschluss können auch Tests mit größeren Mengen an Reports durchgeführt werden.

Die folgenden Seiten stellen den Verlauf und das Ergebnis der Evaluation nach den genannten Gesichtspunkten dar. Aufgrund der Komplexität wurde auf automatisierte Tests – wie etwa mit JUnit möglich – verzichtet. Stattdessen wurde eine manuelle Kontrolle genutzt.

Als Anwendungsfall wurde ein bisher nicht direkt vorgestellter Fall gewählt: Die Wetterbeobachtung. Nutzer erhalten die Möglichkeit einen Report zum aktuellen Wetter (in ihrer Region) zu erstellen und abzuschicken. Der Server nimmt diese Reports entgegen, überprüft die Reports und speichert diese inklusive der Kanten des Bestätigungsgraphen in der Datenbank. Darauf aufbauend wird dann der Bestätigungsgraph durch die Eingabe von "show graph weater" im Konsolenfenster generiert und graphisch dargestellt.

5.1 Aufbau des genutzten Regelwerks

Das Regelwerk für die Wetterbeobachtung weißt eine Besonderheit auf: Aufgrund der sehr beschränkten Datenfülle gibt es nur eine einzige primäre Beschreibung. Dies führt dazu, dass alle Reports dieses Anwendungsfalls an sich inhaltsgleich sind und miteinander in Beziehung stehen können. Dies wurde bewusst so gewählt, da die Beobachtung von Wetter eher auf der Makroebene als auf der Mikroebene eine Rolle spielt. Die folgende Abbildung 36 zeigt das vollständige Regelwerk für den in der Evaluation genutzten Anwendungsfall:

```
DBPREFIX weather;
DBREGIONS regions_germany;
DESC "Wetterbericht";

DEFINE OPTION ("wolkenlos", "sonnig", "leicht bewoelkt", "bewoelkt", "stark bewoelkt",
"bedeckt") "Bewoelkung";
DEFINE OPTION ("kein", "Regen", "Hagel", "Schnee") "Niederschlag";
DEFINE INTEGER "Temperatur in Grad Celsius";

IF {(a. EQUALS b. OR a. TOUCHES b.) AND a. OVERLAP b. AND a.niederschlag == "Schnee" AND
b.temperaturingradcelsius > 0} THEN {DISCONFIRMES a.};
IF {(a. EQUALS b. OR a. TOUCHES b.) AND a. OVERLAP b. AND (a.niederschlag == "Regen" OR
a.niederschlag == "Hagel") AND b.temperaturingradcelsius < 0} THEN {DISCONFIRMES a.};
IF {(a. EQUALS b. OR a. TOUCHES b.) AND a. OVERLAP b. AND (a.niederschlag == "Regen" OR
a.niederschlag == "Hagel" OR a.niederschlag == "Schnee") AND (b.bewoelkung == "wolkenlos" OR
b.bewoelkung == "sonnig")} THEN {DISCONFIRMES a.};
IF {(a. EQUALS b. OR a. TOUCHES b.) AND a. OVERLAP b. AND a.bewoelkung == b.bewoelkung} THEN
{BOTH CONFIRMES};
IF {(a. EQUALS b. OR a. TOUCHES b.) AND a. OVERLAP b. AND a.bewoelkung != b.bewoelkung} THEN
{BOTH DISCONFIRMES};
IF {(a. EQUALS b. OR a. TOUCHES b.) AND a. OVERLAP b. AND a.niederschlag == b.niederschlag}
THEN {BOTH CONFIRMES};
IF {(a. EQUALS b. OR a. TOUCHES b.) AND a. OVERLAP b. AND a.niederschlag != b.niederschlag}
THEN {BOTH DISCONFIRMES};
IF {a. EQUALS b. AND a. BEFORE (7200) b. AND a.bewoelkung == b.bewoelkung} THEN {CONFIRMES b.};
IF {a. EQUALS b. AND a. BEFORE (7200) b. AND a.niederschlag == b.niederschlag} THEN {CONFIRMES
b.};
IF {a. EQUALS b. AND a. BEFORE (7200) b. AND a.temperaturingradcelsius ==
b.temperaturingradcelsius} THEN {CONFIRMES b.};
```

Abbildung 36: Regelwerk für den Anwendungsfall Wetterbeobachtung.

Eine kurze Zusammenfassung des Regelwerks: Als Präfix für die Tabellen der Datenbank wurde *"weather"* gewählt, die Regionen finden sich in der Tabelle *"regions_germany"*. Wie bereits erwähnt gibt es in diesem Fall nur eine primäre Beschreibung namens *"Wetterbericht"*. Zusätzlich zu den Grundattributen wurden zwei Attribute des Typs Option angelegt: Bewölkung und Niederschlag. Hinzu kommt noch ein Integer-Attribut für die Temperatur. Die einzelnen Regeln nach der Reihenfolge im Regelwerk erklären sich wie folgt:

- Falls zwei Berichte in der gleichen Region oder angrenzenden Regionen liegen und diese sich zeitlich überschneiden und zugleich der eine Bericht *"Schnee"* meldet, der andere Bericht jedoch eine Temperatur von über 0 Grad Celsius, so widerspricht der zweite Bericht dem ersten Bericht.

- Falls zwei Berichte in der gleichen Region oder angrenzenden Regionen liegen und diese sich zeitlich überschneiden und zugleich der eine Bericht *"Regen"* oder *"Hagel"* meldet, der andere Bericht jedoch eine Temperatur von unter 0 Grad Celsius, so widerspricht der zweite Bericht dem ersten Bericht.

- Falls zwei Berichte in der gleichen Region oder angrenzenden Regionen liegen und diese sich zeitlich überschneiden und zugleich der eine Bericht *"Regen"*, *"Hagel"* oder *"Schnee"* meldet, der andere Bericht bei Bewölkung "wolkenlos" oder "sonnig", so widerspricht der zweite Bericht dem ersten Bericht.

- Falls zwei Berichte in der gleichen Region oder angrenzenden Regionen liegen und diese sich zeitlich überschneiden und zugleich die Bewölkung beider Berichte übereinstimmt, so bestätigen sich die Berichte gegenseitig.

- Falls zwei Berichte in der gleichen Region oder angrenzenden Regionen liegen und diese sich zeitlich überschneiden und zugleich die Bewölkung beider Berichte *NICHT* übereinstimmt, so widersprechen sich die Berichte gegenseitig.

- Falls zwei Berichte in der gleichen Region oder angrenzenden Regionen liegen und diese sich zeitlich überschneiden und zugleich der Niederschlag beider Berichte übereinstimmt, so bestätigen sich die Berichte gegenseitig.

- Falls zwei Berichte in der gleichen Region oder angrenzenden Regionen liegen und diese sich zeitlich überschneiden und zugleich der Niederschlag beider Berichte *NICHT* übereinstimmt, so widersprechen sich die Berichte gegenseitig.

- Falls zwei Berichte in der gleichen Region liegen und der erste Bericht maximal zwei Stunden vor dem zweiten Bericht liegt und zugleich die Bewölkung beider Berichte übereinstimmt, so bestätigt der erste Bericht den zweiten Bericht.

- Falls zwei Berichte in der gleichen Region liegen und der erste Bericht maximal zwei Stunden vor dem zweiten Bericht liegt und zugleich der Niederschlag beider Berichte übereinstimmt, so bestätigt der erste Bericht den zweiten Bericht.

- Falls zwei Berichte in der gleichen Region liegen und der erste Bericht maximal zwei Stunden vor dem zweiten Bericht liegt und zugleich die Temperatur beider Berichte übereinstimmt, so bestätigt der erste Bericht den zweiten Bericht.

Natürlich ist hierbei anzumerken, dass dieses Regelwerk nur rudimentär den gegebenen

Anwendungsfall widerspiegelt, um jedoch die Komplexität bei der Evaluation gering zu halten, wurde nur ein kleines und eher kompaktes Regelwerk gewählt, das dennoch viele Aspekte des generischen Ansatzes in sich vereinigt.

5.2 Parsen des Regelwerks und Erstellen der Tabellenstruktur

Das in Kapitel 5.1 erstellte Regelwerk muss nun der *"Generic Social Report Confirmation Software"* zum Parsen übergeben werden. Hierbei müssen auch die nötigen Tabellen für den Anwendungsfall erstellt werden. Da die Server Software jedoch das Erstellen der Tabellen nur im Falle eines eingehenden Reports des betreffenden Anwendungsfalles anstößt, muss nun ein Report der Software zur Verarbeitung übergeben werden.

Damit ein Report jedoch auch verarbeitet werden kann, muss die Tabelle mit den Regionen vorhanden und gefüllt sein. Laut Regelwerk lautet der Name der Tabelle *"regions_germany"*.

Diese Tabelle wurde in der zugehörigen Datenbank des Servers erstellt. Gefüllt wurde die Tabelle für die Evaluierung testweise mit den Daten aller Gemeinden Deutschlands. Die Daten stammen aus dem *"Open Street Map"* Projekt[8]. Insgesamt befinden sich damit 11131 Regionen Deutschlands in der Datenbank des Servers. Für die Evaluierung wird der Fokus jedoch auf einen Teil des nördlichen Landkreises der Stadt Würzburg gelegt.

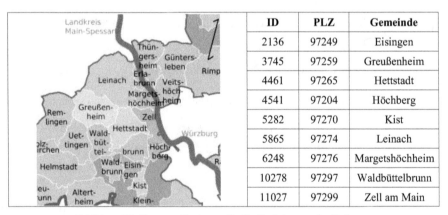

ID	PLZ	Gemeinde
2136	97249	Eisingen
3745	97259	Greußenheim
4461	97265	Hettstadt
4541	97204	Höchberg
5282	97270	Kist
5865	97274	Leinach
6248	97276	Margetshöchheim
10278	97297	Waldbüttelbrunn
11027	97299	Zell am Main

Abbildung 37: Genutzte Regionen für die Evaluierung der Software.

Um nun die Erstellung der nötigen Tabellen für den Anwendungsfall in der Datenbank anzustoßen, muss ein zugehöriger und valider Bericht an den Server gesendet werden. Der Bericht wird der Region *"Leinach"* zugeordnet. Die Bewölkung wird als *"sonnig"* und der Niederschlag als *"kein"* eingestuft. Die Temperatur wird mit 20 Grad angegeben.

---

8 Siehe: http://www.openstreetmap.de/

Per JUnit wird der gewünschte Bericht dem Server übergeben, der diesen entgegen nimmt und das zugehörige Regelwerk anfragt. Mit diesem als Basis wird die vorherrschende Tabellenstruktur überprüft. Da in diesem Fall die Tabellen des Anwendungsfalls noch nicht existieren, werden diese automatisch vom Server angelegt und Fremdschlüssel richtig gesetzt.

Abbildung 38: Vom Server automatisch angelegte Datenbankstruktur für Wetterberichte.

5.3 Regelanwendung und Bestätigungsgraph

Um die korrekte Regelanwendung der *"Generic Social Report Confirmation Software"* zu überprüfen, werden im nächsten Schritt zwei weitere Reports hinzugefügt: Zunächst ein Report in der dem ersten Report angrenzenden Region *"Hettstadt"*. Dieser Report wird sich zeitlich mit dem ersten überschneiden und die gleichen Werte für *"Bewölkung"* und *"Niederschlag"* vorweisen. Nachdem der Server diesen Report verarbeitet hat, zeigt sich der folgende Bestätigungsgraph als Ergebnis der Aktion:

Abbildung 39: Bestätigungsgraph nach zwei eingefügten Reports.

Bei der Regelauswertung kamen zwei zutreffende Regeln zum Einsatz: *"Falls zwei Berichte in der gleichen Region oder angrenzenden Regionen liegen und diese sich zeitlich überschneiden und zugleich die Bewölkung beider Berichte übereinstimmt, so bestätigen sich die Berichte gegenseitig."* und *"Falls zwei Berichte in der gleichen Region oder angrenzenden*

Regionen liegen und diese sich zeitlich überschneiden und zugleich der Niederschlag beider Berichte übereinstimmt, so bestätigen sich die Berichte gegenseitig."

Dies führt intern in der Software dazu, dass jeweils zwei bestätigende Pfeile auf den jeweils anderen Report zeigen. Alle Pfeile haben die Gewichtung 1. Um diese mehrfachen Pfeile auf je einen zu verringern, summiert man die Gewichtung der Pfeile und teilt sie durch die Anzahl der Pfeile (siehe Kapitel 2.2). Dies führt bei beiden Reports zu einem ausgehenden Pfeil mit der Gewichtung 1 und einem eingehenden Pfeil mit der Gewichtung 1.

Als nächstes folgt ein Report, der einen Bestätigungskonflikt zu den beiden bereits vorhandenen Reports auslösen soll. Als Region wird erneut *"Hettstadt"* gewählt, das Zeitintervall überschneidet sich mit den beiden vorhanden Berichten. Das Attribut *"Niederschlag"* wird jedoch auf *"Schnee"* gesetzt und das Attribut *"Bewölkung"* wird auf *"bedeckt"* gesetzt.

In der folgenden Abbildung zeigt sich der Konflikt sehr deutlich an den maximal negativen Bestätigungswerten zwischen den beiden alten Reports und dem neuen Report. Zudem sieht man sehr gut, wie die übereinstimmende Meldung der beiden alten Reports die Verlässlichkeit des neuen Reports weit in den roten Bereich drückt.

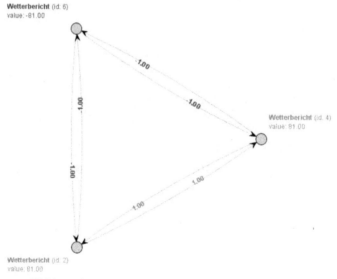

Abbildung 40: Bestätigungsgraph nach drei eingefügten Reports.

Es folgen vier weitere Reports, die sich in den ausgewählten Regionen befinden und verschiedenartige Ausführungen der optionalen Attribute haben. Das Ergebnis der Auswertung und den Aufbau des Bestätigungsgraphen zeigt die Abbildung auf der nächsten Seite:

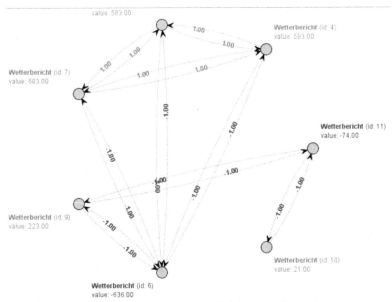

Abbildung 41: Bestätigungsgraph nach sieben eingefügten Reports.

Das Hinzufügen dreier Reports, die nicht direkt im Zusammenhang mit den bisherigen Reports stehen, zeigt zwei weitere Aspekte sehr deutlich: Nicht alle Reports vereinen sich zu einem großen Cluster, es kann auch weitere unabhängige Cluster geben. Und desweiteren zeigt sich in der folgenden Abbildung sehr gut, dass Bestätigungswerte nicht zwangsläufig in beiden Richtungen zwischen zwei Berichten vorhanden sein müssen:

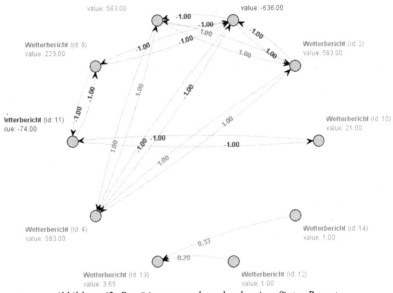

Abbildung 42: Bestätigungsgraph nach zehn eingefügten Reports.

6 Fazit und Rückblick

Rückblickend auf den Entwurf des generischen Ansatzes und die anschließende Implementierung lässt sich sagen, dass dieser erste Entwurf bereits den richtigen Weg geht und es mit relativ einfachen Mitteln erlaubt komplexe Regelsysteme aufzubauen.

Die *"Generic Social Report Confirmation Software"* – die Implementierung auf Serverseite – ist in der Lage recht zügig die eintreffenden Berichte zu überprüfen, zu verarbeiten und auf Anfrage den Bestätigungsgraphen zu erstellen. Zudem ist sie in der Lage eine theoretisch beliebige Anzahl an Anwendungsfällen gleichzeitig zu versorgen. Es ist also nicht nötig für jeden laufenden Anwendungsfall einen eigenen Server oder zumindest eine eigene Instanz der Software laufen zu lassen.

Für zukünftige Erweiterungen ist die Software dahingehend gewappnet, dass die Datenbank mit recht einfachen Mitteln ausgetauscht werden kann und auch andere Algorithmen zur Berechnung der Validierungswerte zügig eingebaut werden können.

Mit Blick auf eine zukünftige Nutzung oder Erweiterung des Ansatzes und der Implementierung muss gesagt werden, dass der Ansatz nur eine Grundlage bildet und an vielen Stellen noch optimiert und erweitert werden kann. So ist eine Erweiterung der Regelsprache denkbar, um bei Bedarf auch nicht inhaltsgleiche Berichte zueinander in Beziehung setzen zu können. Oder auch weitere Operatoren sind eine Option, um häufig genutzte Konstrukte in den Regeln vereinfacht nutzen zu können. Und natürlich steht auch die große Erweiterung um soziale Aspekte im Raum.

Kurz gesagt: Die *"Generic Social Report Confirmation Software"* ist ein vollkommen funktionstüchtiger Grundbaustein für weitere Entwicklungen in dieser Richtung. Vor allem der dauerhafte Einsatz der Software würde schnell mögliche Verbesserungs- und Optimierungsansätze zeigen, die in den letzten vier Monaten seit dem Beginn der theoretischen Arbeiten nicht möglich waren. Diese Optimierungen und Erweiterungen müssen jedoch nicht zwanghaft auf einem neuen Ansatz aufbauen, sondern können in den vorgestellten Ansatz integriert werden oder als Aufsatz darauf dienen.

7 Literatur

[Allen, 1983] Allen, J. F. (1983). - Maintaining Knowledge about Temporal Intervals. In: Communications of the ACM. November 1983, Volume 26, Number 11, S. 832 – 843.

[Okolloh, 2009] Okolloh, O. (2009). - Ushahidi, or 'testimony': Web 2.0 tools for crowdsourcing crisis information. Participatory Learning and Action, Volume 59, Number 1, June 2009 , pp. 65-70(6).

[Oracle, 2011] Oracle Corporation and/or its affiliates. (2011). – MySQL 5.5 Reference Manual.

[Ryden, 2005] Ryden, K. (2005). - OpenGIS® Implementation Specification for Geographic information - Simple feature access - Part 2: SQL option. Open Geospatial Consortium, Inc. Reference number of this document: OGC 05-134.

[Schlieder et al., 2010] Schlieder, C.; Yanenko, O. (2010). - Spatio-temporal proximity and social distance: a confirmation framework for social reporting. Proceedings of the 2nd ACM SIGSPATIAL International Workshop on Location Based Social Networks.

[Shekhar et al., 2003] Shekhar, S.; Chawla, S. (2003). - Spatial Databases: A Tour. Prentice Hall, 2003. ISBN: 013-017480-7.

[Vasquez, 2008] Vasquez, T. (2008) – Storm Chasing Handbook, Second Edition. Weather Graphics Technologies. ISBN: 0-9706840-8-8.

[Wagenknecht et al., 2009] Wagenknecht, C., Hielscher, M. (2009). - Formale Sprachen, abstrakte Automaten und Compiler. Lehr- und Arbeitsbuch für Grundstudium und Fortbildung. GWV Fachverlage GmbH 2009. ISBN: 978-3-8348-0624-6.

Verwendete Webseiten

Alle Webseiten wurden im Text ebenfalls als Fußnote angegeben.

Alle Seiten wurden zuletzt am 27. Juli 2011 aufgerufen.

- http://www.ushahidi.com/
- http://nuernbergsteigtauf.crowdmap.com/
- http://www.naturgucker.de/
- http://www.atocc.de/
- http://shop.oracle.com/pls/ostore/
- http://postgis.refractions.net/
- http://jung.sourceforge.net/
- http://www.openstreetmap.de/

A Anhang

1 Vollständige Grammatik der Regelsprache

```
G = (N, T, P, s)

N = {System, DatabaseSet, AttrSet, RuleSet, RuleDef, DescDef, Name, Letter, LowerLetter,
UpperLetter, Digit, AttrDef, AttrType, Option, String, LetterWithSpace, Condition, Variable,
Report, Value, SpatialOperator, TemporalOperator, Implication}

T = {DBPREFIX, ;, DBREGIONS, DESC, IF, {, }, THEN, a, b, c, d, e, f, g, h, i, j, k, l, m, n, o,
p, q, r, s, t, u, v, w, x, y, z, A, B, C, D, E, F, G, H, I, J, K, L, M, N, O, P, Q, R, S, T, U,
V, W, X, Y, Z, _, 0, 1, 2, 3, 4, 5, 6, 7, 8, 9, DEFINE, OPTION, (, ), DOUBLE, INTEGER, ,, ",
NOT, Operator, AND, OR, a., b., +, ., -, CONTAINS, CROSSES, DISJOINT, EQUALS, INTERSECTS,
OVERLAPS, OVERLAP, TOUCHES, WITHIN, BEFORE, DURING, EQUAL, FINISHES, MEETS, STARTS, BOTH,
CONFIRMES, DISCONFIRMES}

P = {
    System          -> DatabaseSet AttrSet RuleSet
    DatabaseSet     -> DBPREFIX Name ; DBREGIONS Name ;
    AttrSet         -> DESC DescDef ; AttrDef
    RuleSet         -> RuleDef
    RuleDef         -> IF { Condition } THEN { Implication } ;
                     | RuleDef RuleDef
    DescDef         -> String DescDef | EPSILON
    Name            -> Letter
    Letter          -> UpperLetter Letter | Digit Letter
                     | LowerLetter Letter | EPSILON
    LowerLetter     -> a | b | c | d | e | f | g | h | i | j | k | l | m
                     | n | o | p | q | r | s | t | u | v | w | x | y | z
    UpperLetter     -> A | B | C | D | E | F | G | H | I | J | K | L | M
                     | N | O | P | Q | R | S | T | U | V | W | X | Y | Z
                     | _
    Digit           -> 0 | 1 | 2 | 3 | 4 | 5 | 6 | 7 | 8 | 9
    AttrDef         -> DEFINE AttrType String ;
                     | AttrDef AttrDef
                     | EPSILON
    AttrType        -> OPTION ( Option ) | DOUBLE | INTEGER
    Option          -> Option , Option | String
    String          -> " LetterWithSpace "
    LetterWithSpace -> " " LetterWithSpace
                     | UpperLetter LetterWithSpace
                     | Digit LetterWithSpace
                     | LowerLetter LetterWithSpace
                     | EPSILON
    Condition       -> NOT ( Condition )
                     | ( Condition )
                     | Variable Operator Variable
                     | Condition AND Condition
                     | Condition OR Condition
                     | Report SpatialOperator Report
                     | Report TemporalOperator Report
    Variable        -> Report Name | String | Value
    Report          -> a. | b.
    Value           -> + Digit . Digit | - Digit . Digit
                     | Digit . Digit | + Digit | - Digit
                     | Digit
    SpatialOperator -> CONTAINS | CROSSES | DISJOINT
                     | EQUALS | INTERSECTS | OVERLAPS
                     | TOUCHES | WITHIN
    TemporalOperator -> BEFORE ( Digit ) | DURING | EQUAL
                     | FINISHES | MEETS | OVERLAP | STARTS
    Implication     -> BOTH CONFIRMES
                     | BOTH DISCONFIRMES
                     | CONFIRMES Report
                     | DISCONFIRMES Report
}

s = System
```

www.ingramcontent.com/pod-product-compliance
Lightning Source LLC
LaVergne TN
LVHW080105070326
832902LV00014B/2442